サクッと身につく

大人のための
語彙力

福田尚弘

リベラル社

OTONANO TAME NO
GOI-RYOKU

はじめに

「サクサク身につく　大人のための語彙力」は、学生さんから社会人の方まで、効率的に日本語の語彙を増やすために作られたものです。

本書は、難易度および出現頻度によって初級・中級・上級の三段階に分けられていますので、ご自身に合ったレベルを選択して、知らない語句を身につけていって下さい。

初見の語句を、いきなり丸暗記する必要はありません。まずは、目にした時、耳にした時に、前後の流れから「何となく意味が分かる」程度に、浅くても幅広く習得するところから始めても良いでしょう。

語彙不足を「コミュニケーションのブレーキ」とさせないために、そして語彙を増やして世界を広げるために、本書の利用をお勧めします。

目次

◎各メディアや一般書籍の他に、高校・大学受験の現代国語の過去問題などを抽出対象とした、2500の難語が収録されています。

◎語句は、出現頻度と重要度、難易度によって、三段階のレベルに分けられています。

英語について

文脈によって変化する可能性がある冠詞 (a,the) やbe動詞、所有代名詞 (one's) 等は基本的に省略されています。

[例] 暗転 a change for the worse → change for worse

株式会社リベラル社

『サクサク身につく 大人のための語彙力』正誤表

本書に下記のとおり誤りがございました。お詫びして訂正いたします。

		誤	正
P205	顛末(語句の部分)	瑣末	顛末
P256	ありのすさび	live by ineria	live by iner**ti**a
P258	唯唯諾諾	obe**de**dience	obedience
P262	イデオロギー	ideologie	ideolog**y**
P295	幸甚の至り	extreemly glad	extre**em**ly glad
P321	ゼネコン	コンダクター	コン**トラ**クター

2020.6.5

1

初級

愛顧
あいこ

ひいきにすること。引き立て。

日頃のご愛顧に応える。

favoritism [フェイヴォリティズム]

合いの手
あいのて

間に入る音や声。

太鼓の演奏に合いの手を入れる。

accompaniment [アカンパニメント]

アイテム

項目。品物。

あの店に行けば、必要なアイテムが手に入る。

item [アイテム]

阿吽の呼吸
あうんのこきゅう

一緒に物事をするときの互いの微妙な気持ち。

阿吽の呼吸で作業を進める。

harmonizing [ハーモナイズィング]

曖昧模糊
あいまいもこ

曖昧であやふや。

曖昧模糊とした説明。

obscurity [オブスキュリティー]

青菜に塩
あおなにしお

元気がない様子。

試験に落ちて、青菜に塩です。

utterly dejected
[アターリー ディジェクティッド]

青天井
あおてんじょう

（相場などが）無制限であること。

株式相場は青天井だ。

limitlessness [リミットレスネス]

アカデミック

学問的であること。

アカデミックな話題についていけない。

つまりロマ◇であり…

academic ［アカデミック］

悪事千里を走る
あくじせんりをはしる

悪いことはすぐ世間に知れわたるということ。

Bad news travels fast.
悪いニュースは素早く旅をする。

朝駆け
あさがけ

朝早く出かけること。

夜討ち朝駆けの取材活動。

early morning ride
［アーリー モーニング ライド］

あぐねる

思い通りにならず、困り果てる。

とどまるべきかどうか、考えあぐねる。

at loss ［アット ロス］

足繁く
あししげく

たびたび行くさま。

足繁く図書館に通う。

visit frequently
［ヴィズィット フリークエントリィー］

足が早い
あしがはやい

腐りやすい。

生魚は足が早い。

quick to spoil ［クイック トゥ スポイル］

足元から鳥が立つ
あしもとからとりがたつ

とつぜん身近で、思いがけないことが起こること。

Many things happen unlooked for.
意外なことがよく起きるものである。

飲み代

頭割り
あたまわり

費用を頭割りにする。
人数に応じて均等
に割り当てること。

equal distribution
[イコール ディストリビューション]

仇
あだ

親の仇を討つ。
と思う相手。
恨みをはらしたい

vengeance [ヴェンジャンス]

頭打ち
あたまうち

冬物商品の売れ行き
が頭打ちの状態だ。
それ以上よくなら
ないという限界。

upper limit [アッパー リミット]

当て推量
あてずいりょう

当て推量で物事を判
断する。
ぽう。
ること。あてずっ
根拠もなく推理す

wild guess [ワイルド ゲス]

軋轢
あつれき

じる。
双方の間に軋轢が生
と。いざこざ。
仲がわるくなるこ

friction [フリクション]

6

跡目
あとめ

後を引き継ぐ者。
跡取り。

経営トップの跡目を
争う。

successor［サクセサー］

アニバーサリー

記念日。

十回目のアニバーサ
リーを迎える。

anniversary［アニヴァーサリー］

あにはからんや

意外にも。全く思
わなかったが。

あにはからんや、彼
女が犯人だったと
は！

unexpectedly［アンエクスペクティッドリー］

アプローチ

接近すること。

この問題へは、慎重
にアプローチすべき
だ。

approach［アプローチ］

雨だれ石をうがつ
あまだれいしをうがつ

わずかな努力でも、長く続けていると成功すること。

Slow but steady wins the race.
ゆっくりでも着実にやれば、必ず競走に勝てる。

あやかる

他の人に似せて、
自分も幸せになる
こと。

あの人の幸運にあや
かりたいものだ。

take after［テイク アフター］

荒行
あらぎょう

僧などが激しい苦しみに耐えて行う修行。

滝の荒行に耐える。

 asceticism [アセティシィズム]

あらずもがな

むしろないほうがよい。

それはあらずもがなの発言です。

uncalled for [アンコールド フォー]

あらぬ思い
あらぬおもい

おさえることのできない思い。

あらぬ思いを抱く。

irrepressible feeling
[イリプレスィブル フィーリング]

あられもない

あるはずがない。考えられない。とんでもない。

あられもない疑いをかけられる。

indecent [インディーセント]

有り体
ありてい

ありのまま。実際のさま。

有り体に言えば、大きな期待はしていない。

plainly [プレインリー]

亜流
ありゅう

まねているだけで独創性がない物事。

彼の奇抜な画風は、ダリやマグリットの亜流にすぎない。

epigone [エピゴン]

粟立つ
あわだつ

寒さや恐ろしさのため、皮膚にぶつぶつができる。

恐怖で皮膚が粟立つ。

gooseflesh [グースフレッシュ]

安閑
あんかん

気楽な様子。

安閑としている場合ではない。

easygoingness [イーズィーゴーイングネス]

初

級

暗礁に乗り上げる
あんしょうにのりあげる

思わぬ障害にぶつかること。

交渉が暗礁に乗り上げる。

stranded［ストランディッド］

行脚
あんぎゃ

諸国を歩き回ること。

全国行脚を行う。

pilgrimage［ピルグリメッジ］

暗転
あんてん

物事が悪い方に転じること。

事態が暗転する。

change for worse［チェインジ フォー ワース］

塩梅
あんばい

物事の具合。料理の味加減。

いい塩梅に仕上がる。

condition［コンディション］

安穏
あんのん

変わりがなく、穏やかなさま。

余生を無事安穏に暮らす。

peace［ピース］

言い得て妙
いいえてみょう

巧みに言い表しているさま。

言い得て妙な表現。

perfect phrasing
［パーフェクト フレーズィング］

暗躍
あんやく

人に知られないように行動すること。

国の平和をおびやかすような組織が暗躍している。

activity behind scenes
［アクティヴィティー ビハインド スィーンズ］

9

言い置く
いいおく

一言言い置いて立ち去る。

あとに残る人に話しておく。

leave message [リーヴ メッセージ]

○○の件
よろしく！

ハイ

如何に
かかわらず
いかんにかかわらず

理由の如何にかかわらずお断りだ。

〜がどうであるかに関係なく。

regardless of [リガードレス オブ]

いかんせん

いかんせん時間に余裕ががない。

残念ながら。

can't be helped [キャント ビー ヘルプト]

生き馬の目を抜く
いきうまのめをぬく

すばやく、油断がならないこと。

Catch a weasel asleep.
眠っているイタチをつかまえる。

生きとし
生けるもの
いきとしいけるもの

生きとし生けるものすべてに対する尊敬。

この世に生きているすべてのもの。

all living things [オール リヴィング スィングズ]

いきおい

雪の日は、いきおい交通量が少なくなる。

自然のなりゆきで。

naturally [ナチュラリー]

生き長らえる
いきながらえる

この世に長く生き続ける。

百歳近くまで生き長らえる。

survive [サーヴァイヴ]

異境
いきょう

自分の故国でないよその土地。

異境にて故国を思う。

distant land [ディスタント ランド]

潔しとしない
いさぎよしとしない

自分の良心や誇りが許さない。

人からの支援を潔しとしない。

too proud to [トゥー プラウド トゥー]

いささかならず

少しでなく。たいへん。

世話になるばかりでいささかならず気が引ける。

very [ヴェリー]

いざなう

さそう。相手に勧める。

旅にいざなう。

call for [コール フォー]

うちの営業です

委託
いたく

ゆだねること。依頼すること。

営業を業者に委託する。

commission [コミッション]

以心伝心
いしんでんしん

だまっていても気持ちが相手に通じること。

彼女と私は以心伝心です。

tacit mutual understanding
[タスィット ミューチュアル アンダースタンディング]

居丈高
いたけだか

居丈高にどなられて
しまった。

上から押さえつけ
るような態度でお
どすよう。

high-handed [ハイハンディッド]

一義的
いちぎてき

一つの解釈だけで
あること。

彼は、物事の判断の
仕方が一義的だ。

only one meaning [オンリー ワン ミーニング]

一隅
いちぐう

かたすみ。

世界の一隅を照らす
光。

a corner [ア コーナー]

一見
いちげん

客がなじみでなく、
初めてであること。

一見さんはお断りし
ています。

unfamiliar customer
[アンファミリアー カスタマー]

一期一会
いちごいちえ

一生でたった一度
の出会いのこと。

何事にも一期一会の
心で臨む。

once in a lifetime encounter
[ワンス イン ア ライフタイム エンカウンター]

一事が万事
いちじがばんじ

一つのことを見れ
ば、他の全てがわ
かるということ。

弟は一事が万事その
調子だ。

One instance shows all.
[ワン インスタンス ショーズ オール]

一日の長
いちじつのちょう

知識や技が人より
も少し勝っている
こと。

英語は、外国生活が
長い彼女に一日の長
がある。

superiority [スペリオリティー]

一念発起
いちねんほっき

急に思い立って何かを始めること。

彼女は一念発起してドイツ語の勉強を始めた。

resolve [リゾルヴ]

一瞥
いちべつ

ちらっと見ること。

相手に一瞥を投げかける。

a glance [ア グランス]

一縷
いちる

ごくわずかな。

最後のチャンスに一縷の望みを託す。

a thread [ア スレッド]

一介
いっかい

ひとつのつまらないもの。

私は一介の職員に過ぎません。

mere [ミア]

一計を案じる
いっけいをあんじる

ある計画を考え出す。

勝つために一計を案じる。

devise a plan [ディヴァイス ア プラン]

一刻千金
いっこくせんきん

わずかな時間を大切にするようす。

家族と一刻千金の時間を過ごす。

Time is money. [タイム イズ マニー]

一蹴する
いっしゅうする

冷たくはねつけること。断ること。

先方の要求を一蹴する。

refuse [リフューズ]

一矢を報いる
いっしをむくいる

反撃をして、わずかでも仕返しをすること。

土壇場で敵に対して一矢を報いる。

return an attack [リターン アン アタック]

13

一世一代
いっせいちだい

一生に二度とない
ようなすばらしい
こと。

一世一代の名演技。

once in lifetime [ワンス イン ライフタイム]

一石を投じる
いっせきをとうじる

新しい問題を投げ
かけること。

彼の作品は、文学界
に一石を投じた。

create a stir [クリエート ア スター]

一掃
いっそう

すっかり払いのけ
ること。

皆の不安を一掃する。

sweep [スウィープ]

いとけない

おさない。あどけ
ない。

いとけない子のしぐ
さは何とも愛らしい。

infantile [インファンタイル]

意に沿う
いにそう

希望・要求に応じ
る。

顧客の意に沿うよう
に対処する。

satisfy [サティスファイ]

否む
いなむ

断る。否定する。

彼女の提案を否むこ
とはできない。

refuse [リフューズ]

委任
いにん

他の人にまかせる
こと。

議長に委任する。

entrust [エントラスト]

いぶし銀のよう
いぶしぎんのよう

奥深さが感じられるさま。
いぶし銀のような味わいの骨董品。

refined [リファインド]

異邦人
いほうじん

外国人。異国人。この国では私は異邦人の立場だ。

foreigner [フォーリナー]

いみじくも

非常にうまく。適切に。
暑さ寒さも彼岸まで、とはいみじくも言い得たものだ。

well [ウェル]

いやしくも

仮にも。どんなことがあっても。そんなことは、いやしくも学生がすべきことではない。

even if [イヴン イフ]

慰留
いりゅう

去ろうとする人をなだめて引きとめること。上司から退職を慰留される。

persuade to stay
[パースウェード トゥ ステイ]

慰労
いろう

慰めねぎらうこと。頑張ったスタッフたちを慰労する。

consolation [コンソレーション]

色眼鏡
いろめがね

かたよった考えを持って見ること。人を色眼鏡で見るのはよくない。

prejudice [プレジュディス]

色物
いろもの

白・黒以外の色のついているもの。

色物の服で着飾る。

lose color [ルーズ カラー]

colored article [カラード アーティクル]

色を失う
いろをうしなう

恐怖などで顔が真っ青になる。

予期せぬ出来事に接し色を失う。

lose color [ルーズ カラー]

色を付ける
いろをつける

値引きしたり、おまけをしたりする。

ごほうびに色を付ける。

sweeten the pot [スウィートゥン ザ ポット]

曰く付き
いわくつき

複雑な事情やよくない評判などがあること。

曰く付きのマンションを安く借りる。

with shady history
[ウィズ シェーディー ヒストリー]

意を尽くす
いをつくす

考えをすべて言い表す。

意を尽くした説明に納得する。

fully express feelings
[フリー エクスプレス フィーリングズ]

因果応報
いんがおうほう

前の行いに対する報いがあること。

イソップには、因果応報を教える物語が多い。

chain of cause and effect
[チェーン オブ コーズ アンド イフェクト]

姻戚
いんせき

婚姻によってできた親戚。

旧友と姻戚関係になる。

relative by marriage
[レラティヴ バイ マリッジ]

隠遁
いんとん

世を捨てて隠れ住
むこと。

山で隠遁生活を送る。

hermitage［ハーミテッジ］

インフラ

水道や電気など、
社会生活の基盤。

インフラが整備され
る。

infrastructure［インフラストラクチャ］

韻律
いんりつ

韻を踏んだ文のリ
ズム。

韻律を持たない文章。

meter［ミーター］

ウイット

気の利いたことを
さっと言うことが
出来る才能。機知。

彼女は、ウイットに
富んだ女性です。

wit［ウイット］

烏合の衆
うごうのしゅう

まとまりなく、集
まった人々。

こんな烏合の衆のよ
うなチームでは勝て
ない。

mob［モッブ］

氏素性
うじすじょう

生まれや家柄。

氏素性も知れない男。

origin［オリジン］

有象無象
うぞうむぞう

世の中にたくさん
いる、くだらない
者たち。

有象無象の言うこと
など気にしない。

all trifles［オール トライフルズ］

内幕
うちまく

外からは見えない
内部の事情。

政界の内幕。

inside information
［インサイド インフォーメーション］

宇宙船地球号
うちゅうせんちきゅうごう

環境や資源の問題を語る上で、地球を一つの宇宙船にたとえた表現。「宇宙船地球号」というキャッチフレーズ。

Spaceship Earth [スペイスシップ アース]

疎んじる
うとんじる

うっとうしく思う。

友達に疎んじられる。

neglect [ネグレクト]

うの目たかの目
うのめたかのめ

熱心にものをさがすようす。

seek with eager eye
夢中で探す。

倦む
うむ

退屈する。嫌になる。飽きる。

仕事に倦むことなく励む。

bored [ボアード]

まだまだ～！
ガンバルわよ！

裏打ち
うらうち

物事をいっそう確かにすること。

理論を実験で裏打ちした。

proof [プルーフ]

恭しい
うやうやしい

つつしみ深く礼儀正しい。

恭しくおじぎした。

respectful [リスペクトフル]

売掛
うりかけ

代金はあとで受け取る約束で、商品を売ること。

売掛金がかさんでくる。

accounts receivable
[アカウンツ レシーヴァブル]

怨み骨髄に徹す
うらみこつずいにてっす

心の底から深く恨むこと。

怨み骨髄に徹して犯行に及ぶ。

have deep grudge [ハヴ ディープ グラッジ]

上調子
うわちょうし

落ち着きがなく、態度などが軽々しいこと。

上調子な態度。

restlessness [レストレスネス]

うりざね顔
うりざねがお

色白で鼻筋が通っていて、やや面長な顔。

うりざね顔の髪の長い美女。

oval face [オーヴァル フェース]

雲散霧消
うんさんむしょう

あとかたもなく消え去ること。

せっかくの計画が雲散霧消する。

disappearance [ディスアピアランス]

上前をはねる
うわまえをはねる

他人に取り次ぐ代金の一部を自分のものとする。

人の上前をはねる商売。

take commission [テーク コミッション]

まかせて下さい！

鋭意
えいい

一生懸命励むこと。

今後も、鋭意努力いたします。

eagerly [イーガリー]

エキスパート

専門家。名人。
彼らは、広告宣伝のエキスパートだ。

expert [エキスパート]

詠嘆
えいたん

深く感動すること。
思わず詠嘆の声を上げる。

admire [アドマイアー]

エキセントリック

性格などが風変わりなさま。
エキセントリックな行動が目につく。

eccentric [エキセントリック]

エスニック

風俗・習慣などが民族特有であるさま。
エスニック料理を楽しむ。

ethnic [エスニック]

壊死
えし

体の一部の組織や細胞が死ぬこと。
けがをした足が壊死する。

necrosis [ネクロースィス]

越権
えっけん

自分の権限をこえて行うこと。
それは明らかな越権行為だ。

arrogation [アロゲーション]

絵空事
えそらごと

大げさで実際にはあり得ないこと。
そのアイデアは絵空事に過ぎない。

pipe dream [パイプ ドリーム]

沿革
えんかく
移り変わり。
学校の沿革を調べる。

history [ヒストリー]

婉曲
えんきょく
遠まわし。
無理な要求は、婉曲に断るようにして下さい。

euphemism [ユーフェミズム]

厭世
えんせい
この世や人生をつまらなく嫌なものと思うこと。
厭世的な気分に陥る。

pessimism [ペスィミズム]

煙幕を張る
えんまくをはる
本当のことを知られないように、ごまかしたりすること。
煙幕を張って追及をかわす。

dissemble [ディセンブル]

延命
えんめい
寿命を延ばすこと。
内閣が必死の延命を図る。

prolong life [プロロング ライフ]

遠慮会釈
えんりょえしゃく
控え目にして他人を思いやること。
遠慮会釈もない態度。

reserve and consideration
[リザーヴ アンド コンスィダレーション]

お家芸
おいえげい
最も得意とする分野。
小型化は日本のお家芸だ。

favorite accomplishment
[フェイヴァリット アカンプリッシュメント]

手のひらサイズ

老いては子に従え

おいてはこにしたがえ

歳をとったら、出しゃばらずに子供に従ったほうがよいという教え。

Be guided by your children when you are old.
歳をとったら子供たちに導いてもらいなさい。

おうよう

おうよう

おおらか。

姉はおうような性格だ。

generous [ジェネラス]

謳歌

おうか

喜びや幸福を遠慮なく表すこと。

青春を謳歌する。

exaltation [エグゾールテーション]

大仰

おおぎょう

大げさなこと。

彼女の話はいつも大仰だ。

exaggeration [エグザジュレーション]

往来

おうらい

行ったり来たりすること。

車の往来がはげしい道路。

going and coming
[ゴーイング アンド カミング]

大御所

おおごしょ

その世界で大きな勢力をもっている人。

政財界の大御所。

leading figure [リーディング フィギュア]

大見得を切る
おおみえをきる

自信のあることを強調
するために大げさなこ
とを言ったりしたりす
る。出来もしないこと
を出来るように言う。

絶対に優勝すると大
見得を切る。

---

gesture exaggeratedly
[ジェスチャー エグザジュレーティッドリー]

岡目八目
おかめはちもく

その問題に直接かか
わっている人よりも、
関係ない人の方が、
物事の判断がよくで
きるということ。

まさに岡目八目、本
人は気付いていない。

---

by-stander's vantage point
[バイスタンダーズ ヴァンテージ ポイント]

起き抜け
おきぬけ

寝床から出たばか
り。

起き抜けに散歩に出
る。

---

just out of bed [ジャスト アウト オブ ベッド]

置き引き
おきびき

置いてある他人の
荷物などを持ち逃
げすること。

駅で置き引きに合う。

---

luggage thief [ラゲッジ スィーフ]

奥歯に衣を
着せる
おくばにきぬをきせる

物事をはっきり言
わず、遠まわしな
言い方をすること。

奥歯に衣を着せた言
い方。

---

say indirectly [セイ インダイレクトリー]

奥歯に物が
挟まったような
おくばにものがはさまったような

何か隠しているよ
うな言い方をする
ことのたとえ。

奥歯に物が挟まった
ような返答。

---

never speak loud [ネヴァー スピーク ラウド]

おくらになる

企画や興行などが
取りやめになるこ
と。

あの作品はおくらに
なりました。

---

shelve [シェルヴ]

おけらになる

一文無しになる。

競馬で負けておけら
になる。

---

penniless [ペニレス]

お先棒をかつぐ
おさきぼうをかつぐ
人の手先になること。

相手のお先棒をかつぐ。

become cat's paw ［ビカム キャッツ ポー］

おさんどん
台所仕事。

毎日のおさんどんを頑張る。

kitchen chore ［キッチン チョア］

お仕着せ
おしきせ
上の方から一方的に与えられること。

お仕着せのルールでは効果が出ない。

involuntary acquisition
［インヴォランタリー アクイズィション］

お題目
おだいもく
重要そうに見えるが、形だけで中身がないこと。

お題目ばかり唱えていても成果はあがらない。

empty slogan ［エンプティー スローガン］

お墨付き
おすみつき
権力や権限のある人の承認や保証。

有名評論家によるお墨付きの作品。

authorization ［オーソライゼーション］

乙に澄ます
おつにすます
気取る。

彼女は、いつも乙に澄ましている。

act affectedly ［アクト アフェクティッドリー］

おだを上げる
おだをあげる
相手かまわず勝手なことを言う。

酔っぱらっておだを上げる。

brag ［ブラッグ］

オブラート

粉薬などを包んで飲むための半透明の薄い膜。

露骨な話をオブラートに包む。

oblate [オブラート]

おぼこ

世間知らずですれていないこと。

いくつになっても「おぼこ」と呼ばれる。

innocent [イノセント]

思い立ったが吉日
おもいたったがきちじつ

何かをしようと思ったら、すぐに取りかかるのが良いということ。

Strike while the iron is hot.
鉄は熱いうちに打て。

おもねる

他人のきげんをとる。

権力者におもねる人。

flatter [フラッター]

おもむろに

静かに、ゆっくりと。徐々に。

彼はおもむろに話し始めた。

slowly [スロウリー]

慮る
おもんぱかる

あれこれ思いめぐらす。

相手の立場を慮ろう。

consider [コンスィダー]

親の欲目
おやのよくめ

親がわが子を実力以上に評価すること。

親の欲目で子をほめちぎる。

parent's biased eyes
[ペアレンツ バイアスト アイズ]

オリエンタル

東洋的。

オリエンタル調の内装。

Oriental ［オリエンタル］

織り成す
おりなす

細かいものが組み合わされて美しい模様になる。

紅葉が織り成す壮大な美。

weave ［ウィーヴ］

織り込み済み
おりこみずみ

前もって予定や計画に入っていること。

今後の見通しも、資料には織り込み済みだ。

baked in cake ［ベークト イン ケーク］

折り目正しい
おりめただしい

態度がきちんとしている。

折り目正しく挨拶する。

well-mannered ［ウェルマナード］

折に触れて
おりにふれて

機会があるたびにいつも。

折に触れて注意する。

at every opportunity
［アット エヴリー オポチュニティー］

恩寵
おんちょう

神の恵み。

大きな恩寵を受ける。

mercy ［マースィー］

御曹司
おんぞうし

名門の子。

御曹司として大事に育てられる。

son of a noble ［サン オブ ア ノーブル］

邂逅　かいこう

思いがけなく出会うこと。

久しぶりに古い親友と邂逅する。

encounter［エンカウンター］

改竄　かいざん

文書の字句などを書き直してしまうこと。

大幅に改竄された研究データ。

falsification［フォールスィフィケーション］

開口一番　かいこういちばん

何かを言いだすとすぐに。

彼は開口一番相手を批判した。

very beginning of speech
［ヴェリー ビギニング オブ スピーチ］

改悛　かいしゅん

自分の行いを悔い改め、心を入れ替えること。

改悛の情を抱く。

repentance［リペンタンス］

外柔内剛　がいじゅうないごう

外見は穏やかだが、心に強い意志をもっていること。

見た目と違い、兄は外柔内剛の人だ。

soft on the outside, but tough at heart
［ソフト オン ズィ アウトサイド バット タフ アット ハート］

傀儡　かいらい

あやつり人形。他人の言いなりになっている者。

他国に支配された傀儡政権。

puppet［パペット］

外発　がいはつ

外からの刺激。

外発的な動機付けが必要だ。

extrinsic［エクストリンズィック］

乖離
かいり

背き離れること。
関連性がなくなる
こと。

理想と現実が乖離し
ている。

alienation ［エイリエネーション］

書き入れ時
かきいれどき

商売が繁盛しても
うかる時。

年末はデパートの書
き入れ時だ。

profit-making season
［プロフィットメーキング スィーズン］

書き割り
かきわり

芝居の大道具のひと
つ。木製の枠に紙や
布を張り、建物や風
景などを描いて背景
とするもの。

劇の書き割りを描く。

stage setting ［セッティング ステージ］

画一的
かくいつてき

特色や個性のない
ようす。

画一的な内容の作文。

uniformity ［ユーニフォーミティー］

客死
かくし

旅先で死ぬこと。

祖父は、外国で客死
した。

death on journey ［デス オン ジャーニー］

隔世の感
かくせいのかん

時代が変わり、よ
うすがすっかり変
わったと感じるこ
と。

町のようすは、以前
とは隔世の感がある。

poles apart ［ポールズ アパート］

額面通り
がくめんどおり

見掛けや言葉通り。

人の話を額面通りに
受け取る。

at face value ［アット フェイス ヴァリュー］

学問に王道なし
がくもんにおうどうなし

学問を修めるのに、安易な方法はないということ。

There is no royal road to learning.
学問に王道なし。

掛け値なし
かけねなし

大げさではなく、事実として。

掛け値なしの名作。

no exaggeration [ノー エグザジュレーション]

影が差す
かげがさす

不吉な兆しが現れる。

どこか不安な影が差した。

foreboding [フォーボウディング]

禍根
かこん

わざわいのもと。

彼の取った行動が後に大きな禍根を残した。

cause of troubles [コーズ オブ トラブルズ]

仮構
かこう

実際にはないことを仮にあるとすること。

仮構の世界。

fiction [フィクション]

かさに着る
かさにきる

ほかの人の力を利用していばる。

親の力をかさに着る。

overbearing [オーヴァーベアリング]

華燭の典

かしょくのてん

結婚式。

華燭の典を挙げる。

marriage ceremony ［マリッジ セレモニー］

かすがい

人と人とをつなぎとめるもの。

子はかすがいとはよく言ったものだ。

cramp ［クランプ］

肩入れ

かたいれ

ひいきすること。

千葉のチームに肩入れする。

support ［サポート］

固唾を呑む

かたずをのむ

状況を心配して緊張している様子。

固唾を呑んで見守る。

hold breath ［ホールド ブレス］

ガンバレ…

形無し

かたなし

みじめな状態になること。

イケメンも形無しのふられっぷり。

ruined ［ルーインド］

語り種

かたりぐさ

話のたね。話題。

のちのちまでの語り種となる大活躍。

rumor ［ルーマー］

渦中

かちゅう

混乱の真っただ中。

騒動の渦中にある人物。

whirlpool ［ホワールプール］

火中の栗を拾う

かちゅうのくりをひろう

危険をおかして、他人の利益のために行動すること。

Take the chestnuts out of the fire with the cat's paw.
猫の足で火の中の栗を取り出せ。

活況
かっきょう

活気のあるようす。

イベントが活況を呈
する。

briskness [ブリスクネス]

闊達
かったつ

小さなことにこだ
わらず、心が広い
様子。

彼の自由闊達なふる
まいを、頼もしく思
う。

broad mind [ブロード マインド]

恰幅
かっぷく

体つき。

恰幅がよい男。

build [ビルド]

闊歩
かっぽ

威張って歩くこと。
思うままに行動す
ること。

校内を闊歩する。

stalk [ストーク]

活路を見いだす
かつろをみいだす

解決するための方
法を考え出す。

新しい生活への活路
を見いだす。

find a new way [ファインド ア ニュー ウェイ]

過当競争
かとうきょうそう

行き過ぎた競争状
態。

業界内の過当競争が
激化する。

overheated competition
[オーヴァーヒーティッド カンペティション]

可否
かひ
良いか悪いか。
提案の可否を周囲に問う。

right or wrong [ライト オア ロング]

禍福はあざなえる縄のごとし
かふくはあざなえるなわのごとし

幸せと不幸は縄のように入れ替わりながらやってくるものだ。

Every cloud has a silver lining.
どの雲にも銀の裏地がついている。

かぶりを振る
かぶりをふる
頭を左右に振って、いやだという気持ちを表す。
ぼくが何を言っても、弟はかぶりを振って泣くばかりだった。

shake head [シェーク ヘッド]

兜を脱ぐ
かぶとをぬぐ
降参する。
彼の才能には兜を脱ぎます。

admit defeat [アドミット ディフィート]

鎌をかける
かまをかける
相手に本当のことを言わせるため、それとなく上手に問いかける。
鎌をかけて真実を言わせる。

ask leading question
[アスク リーディング クエスチョン]

可変
かへん
変えることができること。
家具の配置は可変だ。

convertible [コンヴァーティブル]

亀の甲より年の功

かめのこうよりとしのこう

長い間の経験は何よりも尊いということ。

Age and experience teach wisdom.
老いと経験は賢明さを教える。

かりそめ

一時的なこと。いいかげんなこと。

かりそめの解決策で済ます。

---

temporary［テンポラリー］

皮切り
かわきり

物事の一番初め。

東京を皮切りにコンサートツアーを行う。

---

opening［オープニング］

我を張る
がをはる

自分の考えを強く押し通そうとする。

つまらないことで我を張る。

---

stick to opinion［スティック トゥ オピニオン］

看過
かんか

見過ごすこと。

このような犯罪行為を看過してはいけない。

---

overlook［オーヴァールック］

喚起
かんき

呼び起こすこと。

危険な運転に対する注意を喚起する。

arouse［アラウズ］

看守（かんしゅ）

刑務所などで、囚人の監視などを行う人。

刑務所の看守。

warden［ウォードン］

看取（かんしゅ）

察知すること。

陰謀を看取する。

notice［ノーティス］

緩衝（かんしょう）

中間にあって、対立を抑えようとするもの。

脱走した捕虜達は、無事に緩衝地帯にたどりついた。

mediation［ミーディエーション］

監修（かんしゅう）

著述・編集などを監督すること。

参考書を監修する。

editorial supervision
［エディトーリアル スーパーヴィジョン］

勧善懲悪（かんぜんちょうあく）

善をすすめ、悪をこらしめること。

この物語の内容は勧善懲悪に徹している。

encourage good and discourage evil
［エンカレッジ グッド アンド ディスカレッジ イーヴル］

顔色を失う（がんしょくをうしなう）

相手に圧倒されて、元気をなくすこと。

敵のあまりの強さに顔色を失った。

overwhelmed［オーヴァーホェルムド］

間断ない（かんだんない）

とぎれることがない。

その店には客が間断なく出入りしている。

constant［コンスタント］

34

眼力
がんりき

物事を見分ける力。

眼力に優れた評論家。

power of observation
[パワー オブ オブザヴェーション]

基幹
きかん

物事の中心となるもの。

この会社の基幹セクション。

core [コア]

帰依
きえ

神や仏を信じてその力にすがること。

仏様に帰依する。

devotion [ディヴォーション]

帰結
きけつ

ある結論・結果に落ち着くこと。

結局は、いつもの方針に帰結する。

conclusion [コンクルージョン]

危急存亡
ききゅうそんぼう

危険が迫って、生きるか死ぬかという状態。

地球は今、危急存亡の時にある。

crisis [クライスィス]

きじも鳴かずば撃たれまい
きじもなかずばうたれまい

余計なことをしなければ、災難をまねくこともないということ。

Quietness is best, as the fox said when he bit the cock's head off.
雄鶏の頭を噛み切った狐が言ったように、静かにしているのが一番良い。

擬人法
ぎじんほう

人間ではないものを、人間にたとえる表現法。
「花が笑う」という擬人法が使われている詩。

personification [パーソニフィケーション]

机上の空論
きじょうのくうろん

実際にはできない、役に立たない意見や考え。
君の理屈は机上の空論にすぎない。

idle theory on desk
[アイドル セオリー オン デスク]

擬態語
ぎたいご

状態や様子を、それらしい音声で表した言葉。
「つるつる」「じろじろ」「ぎらぎら」などの擬態語を使う。

mimetic word [ミメティック ワード]

奇態
きたい

風変わりなさま。
何とも奇態な生物。

strange [ストレンジ]

基調
きちょう

底にある基本的な考え・傾向。
黒を基調としたデザイン。

keynote [キーノート]

忌憚
きたん

遠慮すること。
忌憚のない意見をお願いします。

reservation [リザーヴェーション]

生粋
きっすい

純粋で混ざりけがないこと。
彼女は生粋の江戸っ子だ。

pure [ピュア]

拮抗
きっこう

力がほぼ同じ者が対抗して張り合うこと。
双方の実力が拮抗している。

rivalry [ライヴァルリー]

詰問
きつもん

きつく質問すること。

深夜だったので、警官に詰問された。

interrogation [インテロゲーション]

狐につままれる
きつねにつままれる

意外なことが起きてぽかんとする。

突然の出来事に、狐につままれる。

bewildered [ビウィルダード]

きな臭い
きなくさい

こげくさい。

たたみがこげてきなな臭い。

scorching [スコーチング]

奇特
きとく

心がけなどがすぐれていて、褒めるに値するさま。

世の中には奇特な人もいるものだ。

praiseworthy [プレイズワーズィー]

気の置けない
きのおけない

親しくて気を遣う必要のない。

気の置けない間柄。

friendly [フレンドリー]

欺瞞
ぎまん

だますこと。ごまかすこと。

自己欺瞞とは、自分をあざむくことだ。

deception [ディセプション]

着の身着のまま
きのみきのまま

着ているものの他に何も持たないこと。

火事で、着の身着のままで逃げた。

nothing but clothes
[ナッスィング バット クローズ]

このごろ食欲ないわ…

心配ない

杞憂
きゆう

心配する必要のないことを心配し過ぎないこと。

君の心配事は杞憂に過ぎない。

useless worry [ユースレス ウォリー]

求心
きゅうしん

中心に向かって近づこうとすること。

求心力のある政治家。

centripetal [セントリペタル]

汲々とする
きゅうきゅうとする

あくせくしてゆとりがない。

毎日毎日汲々として働く。

intent [インテント]

窮鼠猫を噛む
きゅうそねこをかむ

追い詰められると、弱いものでも大きな力を発揮し、強いものを倒すこと。

Despair makes cowards courageous.
絶望は臆病者を勇敢にさせる。

狭義
きょうぎ

ある言葉の狭い意味。

物事を狭義にとらえすぎる。

narrow sense [ナロー センス]

糾弾
きゅうだん

罪や責任を問いただして、非難すること。

ルール違反を厳しく糾弾する。

condemnation [コンデムネーション]

矜持
きょうじ

自分に誇りをもつ
こと。プライド。

社会人としての矜持
を保つ。

pride［プライド］

仰々しい
ぎょうぎょうしい

おおげさなようす。

小さな傷に仰々しく
包帯をまく。

ostentatious［オステンテーシャス］

社会人として
誇れる人間で
あれ！

享受
きょうじゅ

受け入れて自分の
ものとすること。

多くの恵みを享受す
る。

enjoy［エンジョイ］

共謀
きょうぼう

二人以上の者が悪
事などをたくらむ
こと。

共謀して犯罪を犯す。

conspiracy［コンスピラスィー］

教鞭をとる
きょうべんをとる

教師になって学校
で教えること。

私は今、母校で教鞭
をとっています。

teach［ティーチ］

玉砕
ぎょくさい

全力で戦い、名誉
を守って潔く死ぬ
こと。

戦闘隊が玉砕する。

honourable defeat［オナラブル ディフィート］

享楽的
きょうらくてき

快楽の追求を第一
に考えるさま。

享楽的な生活を送る。

pleasure-seeking［プレジャースィーキング］

虚飾
きょしょく

外見だけ飾って中身がないこと。

虚飾に満ちた生活を送る。

exterior ornament
[エクスティリアー オーナメント]

御しやすい
ぎょしやすい

思い通りに動かすことができる。

彼は御しやすい人だ。

docile［ドーサイル］

御す
ぎょす

他人を自分の思い通りに動かす。

御しやすい相手ではない。

master［マスター］

虚心坦懐
きょしんたんかい

心にわだかまりがなく、素直なさま。

虚心坦懐に話し合おう。

open mind［オープン マインド］

曲解
きょっかい

物事をすなおに受け取らないこと。

人の言動を曲解する。

distortion［ディストーション］

虚像
きょぞう

実際とは異なる、作られたイメージ。

マスコミによって作られた虚像。

idol［アイドル］

奇をてらう
きをてらう

わざと普通と違っていることをして人の注意を引こうとする。

奇をてらったファッション。

deliberately act oddly
[デリベレットリー アクト オッドリー]

虚を衝く
きょをつく

相手が油断したすきをねらって攻める。

虚を衝かれて返答に困る。

catch unawares［キャッチ アンアウェアーズ］

均質（きんしつ）

むらがなく同じであること。

どの製品も均質である。

uniformity［ユニフォーミティー］

琴線（きんせん）

心の奥底にある感じやすい部分。

心の琴線に触れる作品だ。

sensitivity［センスィティヴィティー］

具現（ぐげん）

具体的な形に現すこと。

かねてからの願望を具現する。

私のお店

パン

realization［リアライゼーション］

金満家（きんまんか）

大金持ち。富豪。

趣味があまりよくない金満家。

millionaire［ミリオネア］

苦節（くせつ）

苦しみに負けず、信念や態度を変えないこと。

苦節十年、遂に目的を果たした。

faithfulness［フェースフルネス］

口が干上がる（くちがひあがる）

生活の手段を失う。

失業して口が干上がる。

lose one's livelihood
［ルーズ ワンズ ライヴリフッド］

口幅ったい（くちはばったい）

立場など考えずに、えらそうなことを言うようす。

実力もないのに口幅ったいことを言うものではない。

speak insolently
［スピーク インソレントリー］

口を切る
くちをきる

話を始める。

まず私が話の口を切ります。

be the first to speak
[ビー ザ ファースト トゥ スピーク]

愚直
ぐちょく

あまりにも正直なこと。

愚直すぎるのも考えものだ。

foolishly honest [フーリッシュリー オネスト]

まずは私から…

屈託する
くったくする

疲れて飽きる。

屈託した表情を見せる。

worry [ワーリー]

愚の骨頂
ぐのこっちょう

この上なく愚かなこと。

君の行動は愚の骨頂だ。

sheer folly [シアー フォリー]

功徳
くどく

幸福をもたらす良い行い。

功徳を積む。

virtuous deed [ヴァーチャス ディード]

繰り延べる
くりのべる

日程を先にずらす。

借金返済の予定を繰り延べる。

postpone [ポストポーン]

くみしやすい

相手として扱いやすい。

くみしやすい相手。

easy to handle [イーズィー トゥ ハンドル]

訓戒
くんかい

善悪を教え、いましめること。

部下に訓戒を垂れる。

admonition［アドモニション］

まずは報告しよう

はい

形骸
けいがい

中身がなく、形だけのもの。

その制度は形骸化している。

fossil［フォスィル］

ケ

普段通りの日常。

⇕ハレ

ケの日。

secular［セキュラー］

啓示
けいじ

人には計り知れない神秘を神が表し示すこと。

神の啓示を受ける。

revelation［レヴェレーション］

警句
けいく

真理を鋭く簡潔に言い表した語句。

社会に向けて警句を吐く。

epigram［エピグラム］

系譜
けいふ

影響のあるつながり。

古典の系譜に連なる作品。

genealogy［ジーニアラジー］

傾聴
けいちょう

耳を傾けて、熱心に聞くこと。

傾聴に値する話だ。

listen closely［リッスン クロースリー］

下剋上
げこくじょう

下が上に勝つこと。

最下位チームが下剋上を果たす。

supplanting superior
[サプランティング サペリアー]

下戸
げこ

酒の飲めない人。

私の父は下戸です。

nondrinker［ノンドリンカー］

下衆のかんぐり
げすのかんぐり

いやしい人間は何でもわざと悪い方向で物事を考えること。

下衆のかんぐりで、あれこれ人の噂をするものではない。

unfounded guess by base person
[アンファウンディッド ゲス バイ ベース パースン]

気色ばむ
けしきばむ

怒っているようすを顔に出す。

悪口を言われて気色ばむ。

get angry［ゲット アングリー］

決壊
けっかい

堤防などが切れて崩れること。

ダムが決壊する。

collapse of dam［コラップス オブ ダム］

解脱
げだつ

この世の迷いや苦悩から抜け出ること。

修行によって解脱の境地に達する。

salvation［サルヴェーション］

言下
げんか

相手の言葉が終わるか終らないうち。

依頼を言下に断わる。

immediately［イミーディエトリー］

下馬評
げばひょう

第三者が興味本位にするうわさ・批評。

評論家たちの下馬評が気になる。

reputation［レピュテーション］

例えば…

言及
げんきゅう

あることにまで話が及ぶこと。

わかりやすい例に言及して、説明をする。

reference［レファレンス］

原風景
げんふうけい

人の心の奥にある、懐かしい風景。

日本人の心にある原風景。

nostalgic scene［ノスタルジック スィーン］

倦怠
けんたい

飽きていやになること。

最近、何事に対しても倦怠を感じる。

fatigue［ファティーグ］

現有
げんゆう

現在持っていること。

現有戦力で戦うしかない。

present possession［プレゼント ポゼション］

言文一致
げんぶんいっち

話し言葉に近い形で文章を書くこと。

言文一致運動。

colloquial style［コローキアル スタイル］

光陰矢のごとし
こういんやのごとし

月日がたつのは早いこと。

Time flies.
時は飛び去る。

広義
こうぎ
ある言葉の広い意味。

広義に解釈する。

broad sense [ブロード センス]

厚顔無恥
こうがんむち
ずうずうしくて恥知らずなこと。

厚顔無恥な連中に腹を立てる。

impudent [インピュデント]

恍惚
こうこつ
心を奪われてうっとりするさま。

恍惚の境地にひたる。

ecstasy [エクスタスィー]

恒久
こうきゅう
いつまでもその状態が続くさま。

恒久の平和を願う。

eternity [エターニティー]

口承
こうしょう
口づてに伝えること。

口承されてきた物語。

oral tradition [オーラル トラディション]

巧拙
こうせつ
上手なことと下手なこと。

両者の巧拙には、はっきりとした差がある。

skilled and unskilled
[スキルド アンド アンスキルド]

膠着
こうちゃく
ある状態が固定してしまい一向に変化しないこと。

戦争は膠着状態が続いている。

adhesion [アドヒージョン]

ごうつくばり
非常に欲張りで強情なこと。
ごうつくばりな男。

stubbornness [スタバーネス]

拘泥
こうでい
必要以上にこだわること。
どんな競い合いでも、勝敗に拘泥する。

insistence [インスィスタンス]

好敵手
こうてきしゅ
よいライバル。
好敵手の存在は、互いにとってプラスになる。

rival [ライヴァル]

更迭
こうてつ
ある職についている人を別の人に代えること。
ちょっとした仕事のミスが、彼の更迭の原因となった。

reshuffle [リシャッフル]

高邁
こうまい
こころざしが高く優れていること。
高邁な理想を掲げる。

nobleness [ノウブルネス]

高揚
こうよう
精神や気分などが高まること。
選手達の士気の高揚を促す。

uplift [アップリフト]

功利
こうり
名誉や利益。
功利主義に徹した企業。

utility [ユーティリティー]

功を奏する

こうをそうする

効果が現れる。奏功する。

練りに練った作戦が功を奏する。

succeed［サクスィード］

荒涼

こうりょう

風景などが、荒れ果ててものさびしいさま。また、生活や気持ちなどが荒れすさんでいるさま。

荒涼たる世界を描いた作品。

desolation［ディソレーション］

酷似

こくじ

極めて似ていること。

指名手配犯の写真に酷似した人。

close resemblance
［クロース リゼンブランス］

呼応

こおう

たがいに意思が通じていること。

互いに呼応し合った間柄。

agreement［アグリーメント］

虎穴に入らずんば虎子を得ず

こけつにいらずんばこじをえず

危険をおかさなければ大きな成功はしないということ。

Nothing venture, nothing have.
何の冒険もしなければ何も得られない。

心付け

こころづけ

チップ。ご祝儀。

店員に心付けを渡す。

tip［ティップ］

心得顔

こころえがお

よく知っているというような顔つき。

心得顔が気に障る。

knowing look［ノーイング ルック］

心もとない
こころもとない

頼りなく不安なさま。

自分一人では心もとないです。

uneasy [アニーズィ]

小ざかしい
こざかしい

りこうぶって、なまいきである。

小ざかしい口をきくものではない。

impertinent [インパーティネント]

五臓六腑
ごぞうろっぷ

内臓。腹の中。心の中。

きれいな山のわき水が、五臓六腑にしみわたった。

guts [ガッツ]

御託
ごたく

自分勝手なことを、もったいぶってくどくど言うこと。

御託を並べている場合ではない。

tedious talk [ティディアス トーク]

克己
こっき

自分の欲望や邪念に打ち勝つこと。

強い克己心で任務を全うする。

self-restraint [セルフリストレイント]

忽然
こつぜん

現れたり消えたりするのが突然な様子。

彼は忽然と姿を消した。

all of a sudden [オール オブ ア リドゥン]

小手調べ
こてしらべ

事前に少し試すこと。

まだまだほんの小手調べです。

warm-up [ウォームアップ]

言葉のあや
ことばのあや

いく通りにも解釈できるような複雑な言い回し。

それは、言葉のあやというものです。

figure of speech [フィギュア オブ スピーチ]

殊更
ことさら

わざと。特に。

殊更人前で自慢げに話す。

especially [エスペシャリー]

子はかすがい
こはかすがい

子に対する愛情が夫婦の愛情も深めてくれるということ。

A child is the pledge of affection.
子供は感情による誓いである。

御法度
ごはっと

禁じられている事柄。

ここでの喫煙は御法度だ。

taboo [タブー]

コミュニティ

居住地などを共にすることで営まれる共同体。

コミュニティセンター。

community [コミュニティ]

鼓舞
こぶ

人を励まし、奮い立たせること。

選手を鼓舞して、やる気にさせる。

encouragement [エンカレッジメント]

50

小利口
こりこう

よく気が付き抜け
めがないさま。

小利口にふるまう。

clever［クレヴァー］

御利益
ごりやく

神仏が人間に与え
るお恵み・幸運。

観音さまの御利益。

grace of God［グレース オブ ゴッド］

コロンブスの卵
ころんぶすのたまご

最初に思いつき実
行することは難し
く、貴重であると
いうこと。

この発明はまさにコ
ロンブスの卵だ。

Columbus' egg［コランバス エッグ］

権化
ごんげ

性格や考えをかた
ちにあらわしたも
の。

悪の権化。

incarnation［インカーネーション］

コンセプト

企画や商品の、基
本になる考え方。

コンセプトがたいへ
んに優れた企画。

concept［コンセプト］

コンテンツ

商品や作品の中身。
内容。

デジタルコンテンツ
の制作に携わる。

contents［コンテンツ］

コントラスト

対比。

鮮やかなコントラス
トをなす。

contrast［コントラスト］

コンプライアンス

法律や社会的な通念を守ること。

コンプライアンスの徹底が必要だ。

compliance [コンプライアンス]

最右翼

さいうよく

競争者の中で最も有力なもの。

優勝候補の最右翼。

the most likely one
[ザ モースト ライクリー ワン]

才媛

さいえん

高い教養・才能のある女性。

才媛のほまれが高い人。

talented woman [タレンティッド ウーマン]

才気煥発

さいきかんぱつ

すぐれた才能が外にあふれ出ること。

彼の才気煥発さが目を引く。

brilliant [ブリリアント]

猜疑心

さいぎしん

人を疑う気持ち。

猜疑心の強い性格。

suspicion [サスピション]

才色兼備

さいしょくけんび

すぐれた才能をもち、顔かたちも美しい女性。

才色兼備のお嬢様。

both talented and beautiful
[ボース タレンティッド アンド ビューティフル]

賽は投げられた

さいはなげられた

事は始まっているのだから、迷わず突き進むべきだということ。

The dice is cast.
賽は既に投げられた。

才腕
さいわん

物事を巧みに処理する才能と手腕。

ベテランが才腕を振るう。

talent［タレント］

債務
さいむ

特定の人に対して支払いを行う義務。⇕

債権

大きな債務を負ってしまう。

debt［デット］

逆手に取る
さかてにとる

相手の攻撃を逆に利用して攻める。

相手の言い分を逆手に取って反論に出る。

turn against［ターン アゲィンスト］

策を弄する
さくをろうする

必要以上に策を用いる。

あれこれ策を弄する。

use artifice［ユーズ アーティフィス］

錯綜
さくそう

複雑に入りまじること。

情報が錯綜している。

complexity［コンプレクスィティー］

聡い
さとい

理解・判断が的確で早い。賢い。

この子はなかなか聡いところがある。

quick to learn［クイック トゥ ラーン］

些事
さじ

小さな事。くだらぬ事。

それは今は些事に過ぎない。

trifle matter［トフイフル マター］

些末
さまつ

とるに足らないこと。

些末なことで争う。

triviality［トリヴィアリティー］

サブカルチャー

社会の正統的、伝統的な文化から外れた独特の文化。

米国のサブカルチャーに興味を持つ。

subculture［サブカルチャー］

参詣
さんけい

神社やお寺にお参りすること。

靖国神社に参詣する。

pilgrimage［ピルグリメッジ］

三々五々
さんさんごご

人や家があちらこちらに散らばっているようす。

人々が公園を三々五々散歩していた。

by twos and threes
［バイ トゥーズ アンド スリーズ］

散在
さんざい

あちこちに散らばってあること。

平野に人家が散在する。

scattered［スキャッタード］

三人寄れば文殊の知恵
さんにんよればもんじゅのちえ

一人ではだめでも、三人で考えればよい知恵が出るということ。

Two heads are better than one.
一人の頭より二人の頭の方がまさっている。

散文
さんぶん

型にとらわれない通常の文章。

散文詩を愛読する。

prose［プローズ］

行きづらい。

敷居が高い
しきいがたかい

都合の悪いことがあり、そこへ行きづらい。

あまりご無沙汰したので、先方の敷居が高くなった。

having a high threshold
［ハヴィング ア ハイ スレッショルド］

歯牙にもかけない
しがにもかけない

まったく問題にしない。

世間のうわさなど歯牙にもかけない。

ignore［イグノア］

至上
しじょう

この上もないこと。

至上の喜びを感じる。

supreme［スープリーム］

忸怩
じくじ

自分で自分の行動などを心の中で恥ずかしく思うこと。

内心、忸怩たるものがある。

ashamed［アシェームド］

私小説
ししょうせつ

身の回りの出来事を材料にした小説。

退屈きわまりない私小説。

autobiographical novel
［オートバイオグラフィカル ノヴェル］

事象
じしょう

出来事や現象。

現代社会特有の事象。

phenomenon［フェノメノン］

辞世の句
じせいのく

死を前にしてこの世に書き残された詩的な文。

辞世の句を遺す。

farewell poem [フェアウェル ポウエム]

私信
ししん

私用の手紙や通信。

仲間同士の私信。

private message [プライヴィット メッセージ]

しだく

形を壊したり、状態を乱したりする。

割れたガラスを踏みしだく。

crush [クラッシュ]

自然主義
しぜんしゅぎ

現実のありのままを客観的に描写する芸術的手法。

自然主義文学。

naturalism [ナチュラリズム]

親しき仲にも礼儀あり
したしきなかにもれいぎあり

どんなに親しい仲でも、守るべき礼儀があるということ。

A hedge between keeps friendship green.
間に垣根があると友情は生き生きと保たれる。

昵懇
じっこん

親しく打ち解けてつきあうこと。

二人は昵懇な間柄だ。

intimacy [インティマスィー]

自嘲
じちょう

自分で自分を嘲り笑うこと。

自嘲的な笑みを浮かべる。

self-ridicule [セルフリディキュール]

失墜
しっつい
権威や信用などを
失うこと。

名誉を失墜する行為。

fall［フォール］

叱責
しっせき
叱りとがめること。

上司に厳しく叱責される。

scolding［スコルディング］

シビア
非常に厳しい様子。

シビアな条件を突き
付けられる。

severe［スィヴィア］

シニア
年長者。上級者。
高齢者。

シニア対象のクラス
に入る。

senior［スィーニア］

はぁ…

3日で
1万
個用意
できる?

自明の理
じめいのり
説明しなくてもはっきりしている様子。

それが、誰のせいでも無いということは自明の理だ。

self-evident［セルフ エヴィデント］

釈迦に説法
しゃかにせっぽう

知り尽くしている人に教えようという愚かさ。

Don't teach fishes to swim.
魚に泳ぎを教えるな。

若輩者
じゃくはいもの

年若い人。未熟者。

若輩者ですが、よろしくお願いします。

younger person [ヤンガー パーソン]

よろしくお願いします！

若いっていいわね

遮二無二
しゃにむに

ほかの事を考えないで、ただひたすらに。

目標達成のため遮二無二がんばる。

blindly [ブラインドリー]

社交辞令
しゃこうじれい

つきあいをうまく進めるためのほめ言葉やあいさつ。

それはただの社交辞令に過ぎません。

diplomatic words [ディプロマティック ワーズ]

蛇の道は蛇
じゃのみちはへび

同類の者にはすべてわかるということ。

Set a thief to catch a thief.
泥棒に泥棒を捕まえさせよ。

重厚長大
じゅうこうちょうだい

鉄鋼・造船・石油化学などの工業を表すことば。

重厚長大産業。

massive and heavy
[マッスィヴ アンド ヘヴィー]

終焉
しゅうえん

終わること。

幼年時代の終焉。

end [エンド]

58

修辞
しゅうじ

巧みな言い回しで美しく効果的に表現すること。
修辞法を駆使した長い文章。

rhetoric［レトリック］

衆人環視
しゅうじんかんし

大勢の人々がとりかこむようにして見ていること。
衆人環視の中で犯行が行われる。

in public［イン パブリック］

獣性
じゅうせい

人間の凶暴な一面。
獣性をむき出しにした犯人。

brutality［ブルタリティー］

重鎮
じゅうちん

ある分野における重要人物。
彼は日本映画界の重鎮である。

dignitary［ディグニタリー］

充填
じゅうてん

欠けているところなどに、ものを詰めてふさぐこと。
銃に弾丸を充填する。

fill［フィル］

蹂躙
じゅうりん

暴力や強権をもって他をふみにじること。
人権蹂躙とも言える行為。

trample［トランプル］

雌雄を決する
しゅうをけっする

勝ち負けや優劣を決める。
いよいよ雌雄を決する時が来た。

have showdown［ハヴ ショウダウン］

種々雑多
しゅじゅざった
異質のものが多く
入り交じっている
こと。
種々雑多な人物が集
結する。

miscellaneous [ミザレーニアス]

熟達
じゅくたつ
熟練して上達する
こと。
車の運転に熟達する。

mastery [マスタリー]

出色
しゅっしょく
特にすぐれている
こと。
その絵は出色のでき
ばえだ。

distinction [ディスティンクション]

出自
しゅつじ
出どころ。生まれ。
資料の出自を明らか
にする。

birth [バース]

朱に交われば赤くなる
しゅにまじわればあかくなる

人間はつき合う友達によって、よくも悪くもなるということ。

One rotten apple spoils the barrel.
痛んだリンゴが一つあると、全部だめになる。

竣工
しゅんこう
工事が終わって、
建物ができあがる
こと。
来月に新体育館が竣
工する予定だ。

completion of construction
[コンプリーション オブ コンストラクション]

潤滑油
じゅんかつゆ
物事が順調に進む
ための、仲立ちと
なる物や人。
彼女の存在は、グル
ープ内の潤滑油にな
っている。

lubricant [ルーブリキャント]

遵守
じゅんしゅ

法律などをしっかり守ること。

契約の遵守が取引の基本です。

abiding［アバイディング］

順法
じゅんぽう

法を尊重し、きまりを守って行動すること。

順法精神にのっとった行動。

law-abiding［ローアバイディング］

逡巡
しゅんじゅん

決断をためらうこと。

どちらへ進むべきか逡巡する。

hesitation［ヘズィテーション］

常軌を逸する
じょうきをいっする

常識では考えられない。

取り乱し、常軌を逸した行動に出る。

get eccentric［ゲット エキセントリック］

詳記
しょうき

詳しく記すこと。

調査内容が詳記されたレポート。

minute description
［マイニュート ディスクリプション］

笑止千万
しょうしせんばん

非常にこっけいなさま。

そんな話は笑止千万だ。

highly ridiculous［ハイリー リディキュラス］

憧憬
しょうけい

あこがれること。

異国の地に、憧憬を抱く。

aspiration［アスピレーション］

情状酌量
じょうじょうしゃくりょう
同情すべき犯罪において、裁判官が刑を軽くすること。
情状酌量の余地はない。

extenuation [エクステニュエーション]

小心翼々
しょうしんよくよく
とても臆病なようす。
小心翼々として人の機嫌をうかがう。

timid [ティミッド]

醸成
じょうせい
原料を発酵させて酒や醤油などをつくること。
しょうゆを醸成する。

brewery [ブルワリー]

尚早
しょうそう
そのことをするにはまだ早すぎること。
その作戦に出るには、まだ時期尚早だ。

too soon [トゥー スーン]

冗長
じょうちょう
文や話などが、無駄が多くて長いこと。
話が冗長に流れている。

verbosity [ヴァーボスィティー]

生得
しょうとく
生まれつき持っていること。
生得の穏やかさ。

innate [イネイト]

正念場
しょうねんば
ここぞという大切な場面。
作業が正念場を迎える。

crucial moment [クルーシャル モーメント]

この集計が終われば…
カタ カタ カタ

勝負は下駄を履くまでわからない
しょうぶはげたをはくまでわからない

終わってみるまでは、結果がどうなるかわからない。

It ain't over until it's over.
終わるまでは、終わらない。

処遇
しょぐう

地位につりあう待遇をすること。

担当者の処遇を検討する。

treatment [トリートメント]

食傷
しょくしょう

同じことに飽き飽きして嫌になること。

変化のない展開に食傷気味だ。

fed up [フェッド アップ]

触手を伸ばす
しょくしゅをのばす

欲しいものを得るために働きかける。

新規事業に触手を伸ばす。

put out a feeler
[プット アウト ア フィーラー]

所見
しょけん

見た結果。考え。意見。

医師の所見では、風邪だということです。

view [ヴュー]

触発
しょくはつ

刺激を与えて、行動の意欲を起こさせること。

友人に触発されてトレーニングを始める。

trigger [トリガー]

如才ない
じょさいない
気がきいていて、抜かりがない
如才なく受け応えをする。

clever [クレヴァー]

所在なげ
しょざいなげ
することがなくて退屈そうな様子。
出番がなく、ベンチで所在なげにしている選手。

bored [ボアード]

叙事
じょじ
事件や事実をありのままに述べ記すこと。
壮大な叙事詩。

description [ディスクリプション]

詳説
しょうせつ
詳しく説明すること。
以下にて詳説を行います。

detailed explanation
[ディーテイルド エクスプラネイション]

諸説粉々
しょせつふんぷん
様々な説やうわさが入り乱れ、真実が明らかでないさま。
諸説紛々として原因がつかめない。

divergent opinions abound
[ディヴァージェント オピニオンズ アバウンド]

所望
しょもう
欲しいと願うこと。望み。
茶を一杯所望する。

wish [ウイッシュ]

ジレンマ
二つの選択肢から選ぶのが難しい状態。
激しいジレンマに陥る。

dilemma [ディレマ]

心血を注ぐ
しんけつをそそぐ
力の限りを尽くして行う。
心血を注いで完成させた作品。

devote to [ディヴォート トゥ]

真摯
しんし

まじめでひたむきな様子。

何ごとにも真摯に取り組む。

sincerity [スィンセリティー]

人後に落ちない
じんごにおちない

他人に劣ることがない。

ゲームでは人後に落ちない。

second to none [セカンド トゥ ナン]

針小棒大
しんしょうぼうだい

小さいことを大きく言うこと。

自分の苦労を針小棒大に言う。

great exaggeration
[グレート エグザジュレーション]

心象風景
しんしょうふうけい

心の中に浮かんだ情景や場面。

心象風景をつぶさに表現した作品。

imagined scenery [イマジンド スィーナリー]

人事を尽くして天命を待つ
じんじをつくしててんめいをまつ

やるだけやって、あとは結果を待つだけということ。

Do the likeliest, and God will do the best.
最も適切な行為をなせ、そうすれば神が最善の結果をもたらしてくれる。

深層
しんそう

表面からはうかがい知ることのできない部分。

古い体験が深層心理にある。

depth [デプス]

クライアントの返事を待とう

65

心服
しんぷく

心から尊敬して従うこと。

偉大な恩師に心服する。

respect [リスペクト]

進捗
しんちょく

物事が進みはかどること。

工事の進捗状況。

progress [プログレス]

推敲
すいこう

文章に何度も手を加えて、いいものにすること。

詩の推敲を重ねる。

elaboration [エラボレーション]

水泡に帰す
すいほうにきす

努力したことが無駄になる。

これまでの努力が水泡に帰してしまった。

turn into nothing
[ターン イントゥ ナッスィング]

随伴
ずいはん

ともなうこと。

師匠に随伴して旅をする。

accompany [アカンパニー]

数奇
すうき

運命が激しく変化すること。

彼女は数奇な生涯を送った。

checkered [チェッカード]

酸いも甘いも噛み分ける
すいもあまいもかみわける

人生経験を積み、世の中の裏も表も知り尽くしていること。

酸いも甘いも噛み分けた老人。

experienced in ways of world
[エクスピアリアンスト イン ウェイズ オブ ワールド]

スタンス

立場。態度。

先方のスタンスを確認する。

stance [スタンス]

趨勢
すうせい

ある方向へと動く勢い。

世の趨勢に注目する。

tendency [テンデンスィー]

ステータス

社会的地位や身分。状態。

ステータスの向上を目指す。

目指せ
都心に
一戸建て！

status [ステータス]

寸刻
すんこく

わずかの時間。

寸刻を惜しむ。

moment [モーメント]

スポイル

損なうこと。台なしにすること。

親に甘やかされてスポイルされた子供。

spoil [スポイル]

寸鉄人を刺す
すんてつひとをさす

短い言葉で人を突くこと。

make a cutting remark
ばっさりと指摘する。

正攻法
せいこうほう
正々堂々とした攻め方。

正攻法に立ち返る。

frontal attack [フロンタル アタック]

生起
せいき
ある事件や現象などが現れ起こること。

心の中に生起する思い。

occurrence [オカーレンス]

清浄
せいじょう
清らかで、けがれのないこと。

清浄な空気を吸う。

purity [ピュリティー]

脆弱
ぜいじゃく
もろくて弱いこと。

胸弱な精神を鍛え直す。

frailty [フレールティー]

青天の霹靂
せいてんのへきれき

急に起きた大事件のこと。

a bolt from the blue
青天から稲妻。

正否
せいひ
正しいか正しくないか。

対応の正否を判断する。

right or wrong [ライト オア ロング]

青天白日
せいてんはくじつ
罪や疑わしいことがないこと。

疑いが晴れて青天白日の身となる。

innocent [イノセント]

精妙
せいみょう

極めて細かく巧み
であること。

精妙な構造の機械。

exquisite［エクスクイズィット］

清貧
せいひん

私欲をすてて行い
が正しいために、
貧しく生活が質素
であること。

清貧に甘んじた生活
を送る。

clean and poor［クリーン アンド プアー］

世知に長ける
せちにたける

世の中に詳しく、
うまく世渡りをす
る。

世知に長けた人。

sophisticated［ソフィスティケイティッド］

セカンド
オピニオン

今かかっている医
師以外の医師に求
める第二の意見。

セカンドオピニオン
を受ける。

second opinion［セカンド オピニオン］

切磋琢磨
せっさたくま

お互いに励ましあ
い、競い合いなが
ら成長していくこ
と。

二人で切磋琢磨して、
現在の地位に至って
いる。

learn hard together
［ラーン ハード トゥギャザー］

席巻
せっけん

はげしい勢いで勢
力をひろげること。

市場を席巻している
商品。

take by storm［テーク バイ ストーム］

雪辱
せつじょく

恥を消すこと。

次の試合で必ず雪辱
する。

revenge［リヴェンジ］

69

摂理
せつり

自然界を支配している法則。

自然の摂理に従う。

providence［プロヴィデンス］

拙劣
せつれつ

へたなこと。

拙劣な表現。

poor［プアー］

先見の明
せんけんのめい

先のことを早くから見抜く力。

彼には先見の明がある。

foresight［フォーサイト］

〇〇地区

この先っつは発展する！

善後策
ぜんごさく

物事の後始末をうまくするための方法。

計画通りにいかなかった場合の善後策を練る。

remedial measures
［リミーディアル メジャーズ］

専心
せんしん

一つのことに集中する。

研究に専心する。

devote［ディヴォウト］

船頭多くして船山にのぼる
せんどうおおくしてふねやまにのぼる

指示をする人が多すぎて、物事がうまくいかないこと。

Too many cooks spoil the broth.
コックが多すぎるとスープがうまくできない。

千変万化
せんぺんばんか

いろいろに変わること。

空のようすは千変万化する。

diverse changes [ダイヴァーズ チェンジズ]

全幅
ぜんぷく

ありったけ。

全幅の信頼を寄せる。

utmost [アットモスト]

前例主義
ぜんれいしゅぎ

過去の例やしきたりに厳密に従うこと。

前例主義にとらわれていては、進歩はない。

inclination towards specialists
[インクリネーション トゥウォーズ スペシャリスツ]

彼に任せておいたら間違いないよ

カタカタ

PC

造詣
ぞうけい

学問、芸術について深い知識と理解を持っていること。

彼は美術に造詣が深い。

deep knowledge [ディープ ノレッジ]

早計
そうけい

早まった判断。

そう決めつけるのは早計だ。

hastiness [ヘースティネス]

相好をくずす
そうごうをくずす

たいへんうれしそうな顔つきをするようす。

孫の顔を見て相好をくずす。

break into smile [ブレーク イントゥ スマイル]

壮行会
そうこうかい

旅立ちに際して、その前途を祝し激励する会。

壮行会に招かれる。

send-off party [センドオフ パーティー]

相対的
そうたいてき

他と比較すること
で成り立つ様子。
両者の関係を相対的
に見る。

relative ［リラティヴ］

造作ない
ぞうさない

簡単だ。
そんな問題は造作な
い。

easy ［イーズィー］

聡明
そうめい

物事の理解が早く
賢いこと。
聡明な少年。

brightness ［ブライトネス］

双璧
そうへき

二つのすぐれたも
の。
この二つが、我が国
の産業の双璧です。

two greats ［トゥー グレーツ］

疎開
そかい

空襲・火災などか
ら逃れるため、地
方へ移ること。
学童疎開が行われる。

evacuation ［エヴァキュエーション］

挿話
そうわ

文章などの間には
さむ、本筋とは直
接関係のない短い
話。
なかなか興味深い挿
話だ。

episode ［エピソード］

俗っぽい
ぞくっぽい

いかにもありふれ
ていて、品がない
様子。
俗っぽい趣味。

vulgar ［ヴァルガー］

俗語
ぞくご

くだけた言葉。
俗語が多すぎる作文。

slang ［スラング］

素地
そじ

もととなるもの。
素質。

彼にはプログラマー
としての素地がある。

makings［メーキングス］

咀嚼
そしゃく

よく考えて十分に
理解し、味わうこ
と。

内容を咀嚼する。

digest［ダイジェスト］

蘇生
そせい

生き返ること。よ
みがえること。

心臓マッサージで蘇
生する。

revival［リヴァイヴァル］

ぞんざい

いい加減な様子。
投げやりな様子。

本をぞんざいに扱っ
てはいけません。

sloppiness［スロッピネス］

素描
そびょう

鉛筆などで表した
絵。要点を簡単に
書き記すこと。

景色を素描する。

sketch［スケッチ］

大願成就
たいがんじょうじゅ

大きな願いごとが
うまくかなうこと。

大願成就を祈念する。

realization of great ambition
［リアライゼーション オブ グレート アンビション］

忖度
そんたく

他人の気持ちを考
えること。

相手の心中を忖度す
る。

guess［ゲス］

大局
たいきょく

広く全般的に見回してみたときの物事の様子。

学問を究めるには、大局的な見方をもつことが必要だ。

general situation
[ジェネラル シチュエーション]

大義名分
たいぎめいぶん

もっともな理由。

ぼくが学校を休んだのには大義名分がある。

great cause [グレート コーズ]

大言壮語
たいげんそうご

実力もないのに大きなことを言うこと。

彼の大言壮語にはうんざりする。

bragging [ブラッギング]

体現
たいげん

具体的な形にあらわすこと。

作者の感性を体現した作品。

embodiment [エンボディメント]

代替
だいたい

ほかのもので代えること。

代替の服に着替える。

substitution [サブスティテューション]

対峙
たいじ

対立する者どうしが、じっと向かい合うこと。

国境を挟んで両国の軍隊が対峙する。

confrontation [コンフロンテーション]

大同小異
だいどうしょうい

たいした違いのないこと。

二冊の雑誌の内容は大同小異だ。

not much difference
[ノット マッチ ディファレンス]

卓越
たくえつ

抜群に優れている
こと。

卓越したギターテク
ニック。

excellence［エクセレンス］

妥結
だけつ

対立者が折れあい
話がつくこと。

交渉が妥結する。

compromised agreement
［コンプロマイズド アグリーメント］

脱兎のごとく
だっとのごとく

ものすごく素早い
様子。

子どもたちは、お菓
子を貰うと、脱兎の
ごとく走っていった。

with lightning speed
［ウィズ ライトニング スピード］

手綱を締める
たづなをしめる

他人のゆるんだ気
持ちを引き締める。

緊急ミーティングを
行い、スタッフの手
綱を締める。

tighten reins［タイトゥン レインズ］

立て板に水
たていたにみず

すらすらと話すこ
と。

彼女の説明は、立て
板に水のごとく続い
た。

fluent speech［フルーエント スピーチ］

蓼食う虫も好きずき
たでくうむしもすきずき

人の好みはまちまちだということ。

There is no accounting for tastes.
人の好みは説明のしようがない。

旅は道づれ世は情け
たびはみちづれよはなさけ

旅は連れがいる方がよく、世の中は人情があると
うまくいくということ。

When shared, joy is doubled and sorrow halved.
分かち合えば喜びは倍増し、悲しみは半減する。

断行
だんこう

決心して、きっぱ
りと行うこと。

家賃の値上げが断行
された。

dare to［デア トゥ］

玉虫色
たまむしいろ

いろいろに解釈で
きるあいまいな表
現。

玉虫色の答弁を繰り
返す。

equivocal［イクィヴォカル］

断続的
だんぞくてき

途切れたり続いた
りするさま。

雨が断続的に降る。

intermittent［インターミッテント］

断罪
だんざい

罪をさばくこと。

責任者を断罪する。

judgment［ジャッジメント］

短絡
たんらく

物事を簡単に考え
て結論を出すこと。

この問題は、短絡的
に結論を出してはい
けない。

short circuit［ショート サーキット］

断腸の思い
だんちょうのおもい

非常に苦しい気持
ちや悲しい気持ち
のこと。

断腸の思いで諦める。

extreme anguish
［エクストリーム アングイッシュ］

稚拙
ちせつ

幼稚で未熟なこと。

稚拙な表現が目立つ文章。

unskillful [アンスキルフル]

血道をあげる
ちみちをあげる

夢中になってのぼせ上がる。

株の売買に血道をあげる。

get absorbed [ゲット アブゾーブド]

中枢
ちゅうすう

中心となる大切なところ。

組織の中枢を揺るがす出来事。

central part [セントラル パート]

昼夜兼行
ちゅうやけんこう

昼も夜も休まず、仕事などをすること。

道路工事が昼夜兼行で進められている。

all day and night [オール デー アンド ナイト]

寵愛
ちょうあい

特別に大切にして愛すること。

両親の寵愛を受ける。

favor [フェーヴァー]

超克
ちょうこく

困難を乗り越え、打ちかつこと。

絶望的な状況を超克する。

overcome [オーヴァーカム]

超然
ちょうぜん

物事にこだわらず、平然としているさま。

周囲の騒ぎに超然としている。

loftiness [ロフティネス]

重用
ちょうよう

人を重く扱うこと。

若手の選手を重用する。

give responsible post
[ギヴ リスポンスィブル ポスト]

丁丁発止
ちょうちょうはっし

互いに激しく戦うさま。

強敵と丁丁発止と渡り合う。

exchange blows [エクスチェンジ ブローズ]

凋落
ちょうらく

おちぶれること。

名門の一家が凋落する。

downfall [ダウンフォール]

鎮魂
ちんこん

死者の霊魂を慰めしずめること。

死者を鎮魂する式。

repose of souls [リポーズ オブ ソールズ]

鎮圧
ちんあつ

暴動などを武力を使ってしずめること。

反乱軍を鎮圧する。

suppression [サプレッション]

闖入
ちんにゅう

断りなく突然入り込む。

暴漢が会場に闖入する。

intrusion [イントゥルージョン]

珍重
ちんちょう

めずらしがって大切にすること。

貴族たちに珍重されている動物。

cherish [チェリッシュ]

追憶
ついおく

過ぎ去ったことを
思い出すこと。

少年の頃の追憶にふ
ける。

---
reminiscence［レミニセンス］

追随を許さない
ついずいをゆるさない

他がまねできない
ほどすぐれている。

他の追随を許さない技
術を身につける。

---
unsurpassable［アンサーパサブル］

通過儀礼
つうかぎれい

一生のうちの重要
な節目に行われる
儀礼。

古くから続く通過儀
礼。

---
rite of passage［ライト オブ パッセージ］

痛恨
つうこん

ひどく残念がるこ
と。たいへんうら
みに思うこと。

あの不用意な一球は
痛恨の極みだ。

---
regretful［リグレットフル］

通説
つうせつ

世間一般に通用し
ている説。

通説を頭から信じて
しまう。

---
common opinion［コモン オピニオン］

通年
つうねん

一年じゅう行うこ
と。

当店は通年営業して
います。

---
all year［オール イヤー］

年中無休で
営業してます！

付け焼き刃
つけやきば

その場をごまかす
ために急いでおぼ
えたこと。

付け焼き刃の勉強で
は歯が立たない。

---
superficial knowledge
［スーパフィシャル ノレッジ］

つましい

つましい

生活ぶりなどがぜ
いたくでない。

つましい暮らしをす
る。

frugal [フルーガル]

爪に火をともす

つめにひをともす

苦労して倹約する
こと。

爪に火をともすよう
な生活を送る。

extremely thrifty
[エクストリームリー スリフティー]

爪の垢を煎じて飲む

つめのあかをせんじてのむ

すぐれた人を模範
とし、自分のため
にすること。

君には彼の爪の垢を煎
じて飲ませたいものだ。

take lesson from [テーク レッスン フロム]

面当て

つらあて

わざといやなこと
を言ったりしたり
すること。

面当てにいやみをた
っぷり言う。

spiteful remarks [スパイトフル リマークス]

ディーラー

販売業者。

自動車ディーラーか
ら見積もりを取る。

dealer [ディーラー]

定説

ていせつ

一般に認められ、
確定的であるとさ
れている説。

定説をくつがえす発
見。

established theory
[エスタブリッシュト セオリー]

手打ち

てうち

契約や和解が成立
すること。

手打ち式が行われる。

reconcile [レコンサイル]

溺愛

できあい

むやみにかわいが
ること。

父母に溺愛されて育
った息子。

blind love [ブラインド ラヴ]

テクスト

書物の本文。教科書。原典。

複数のテクストが伝わる説話。

text [テクスト]

手管
てくだ

人をうまく操ったり、ごまかしたりする方法・技術。

卑怯な手管を使う。

art of handling people
[アート オブ ハンドリング ピープル]

手塩にかける
てしおにかける

苦労して育て上げる。

監督が手塩にかけた選手たち。

bring up with great care
[ブリング アップ ウイズ グレート ケア]

撤廃
てっぱい

とりやめること。

年齢制限を撤廃する。

abolition [アボリション]

鉄面皮
てつめんぴ

恥知らずであつかましいこと。

息をするようにうそをつく、鉄面皮な男。

shameless [シェームレス]

手前みそ
てまえみそ

自分のことを自慢すること。

自分の作品が一番よいと、手前みそを並べる。

self-praise [セルフプレーズ]

衒い
てらい

ひけらかすこと。

衒いがない文章。

affectation [アフェクテーション]

転機
てんき

それまでの状態が別の状態に変わるきっかけ。

兄は結婚を転機に仕事にはげむようになった。

turning point [ターニング ポイント]

伝家の宝刀
でんかのほうとう

切り札。

伝家の宝刀を抜く時が来た。

last resort [ラスト リゾート]

伝播
でんぱ

伝わり広まること。

稲作が日本に伝播した。

propagation [プロパゲーション]

点在
てんざい

あちこちに散らばって存在すること。

湖上に点在するボート。

dotted with [ドッティッド ウィズ]

投影
とうえい

影響があらわれること。

時代が投影された絵画。

reflect [リフレクト]

転用
てんよう

本来とは違った目的にあてること。

食費を雑誌代に転用する。

use for another purpose
[ユーズ フォー アナザー パーパス]

桃源郷
とうげんきょう

一般の世間を離れた平和な世界。

まるで桃源郷のような美しい世界。

utopia [ユートピア]

投函
とうかん

郵便物をポストに入れること。

手紙を投函する。

posting [ポスティング]

同工異曲
どうこういきょく

見かけは違うが内容は同じこと。

これらの企画は同工異曲だ。

practically the same
[プラクティカリー ザ セーム]

倒錯
とうさく

逆になること。正常でなくなること。

倒錯した欲望から起きた事件。

perversion [パーヴァーション]

淘汰
とうた

良いものを選び、悪いものを除くこと。

自然淘汰の法則に従う。

selection [セレクション]

読点
とうてん

文中の「、」。

読点が多すぎる文章。

punctuation [パンクチュエーション]

滔々
とうとう

水がとどまることなく流れるさま。

滔々と流れる大河。

vigorous flow [ヴィガラス フロー]

頭取
とうどり

銀行などの社長。

都市銀行の頭取に就任する。

president [プリズィデント]

堂に入る
どうにいる

物事にすっかり慣れて優れている。

堂に入った演説。

master at [マスター アット]

同病相哀れむ
どうびょうあいあわれむ

同じ悩みなどを持つ者は、助け合い同情するものだということ。

Misery makes strange bedfellows.
不幸は奇妙な仲間を作る。

登竜門
とうりゅうもん

出世するための関門。

芥川賞は作家への登竜門だ。

gateway to success
[ゲートウェー トゥ サクセス]

東奔西走
とうほんせいそう

あちこちかけまわること。

資金集めに東奔西走する。

hurry to and fro [ハリー トゥ アンド フロー]

毒気を抜かれる
どくけをぬかれる

びっくりさせられて呆然となる。

毒気を抜かれて立ちつくす。

dumbfound [ダムファウンド]

毒牙
どくが

毒液を出す牙。悪どい手段。

凶悪犯の毒牙にかかる。

fang [ファング]

特筆
とくひつ

特に取り上げて書くこと。

これは特筆すべき事件だ。

special mention [スペシャル メンション]

独善
どくぜん

自分ひとりが正しいと考えること。

独善的な行動は周囲の迷惑だ。

self-righteousness [セルフライチャスネス]

突貫工事
とっかんこうじ

短期間に一気に仕上げる工事のこと。

突貫工事をして遅れを取り戻そうとする。

rush job［ラッシュ ジョブ］

土地鑑
とちかん

その土地に詳しい。

土地鑑のある者の犯行らしい。

accustomed to the place
［アカスタムド トゥ ザ プレース］

怒涛
どとう

荒れ狂う大波、そのような様子。

人の波が怒涛のごとく押し寄せる。

raging billows［レージング ビローズ］

度量
どりょう

人のことばなどを受け入れる心の広さ。

度量が大きい人物。

broadmindedness
［ブロードマインディッドネス］

虎の尾を踏む
とらのおをふむ

非常な危険をおかすことのたとえ。

虎の尾を踏むような行為。

take risk［テーク リスク］

徒労
とろう

何にもならない苦労。

せっかく努力したが徒労に終わった。

useless toil［ユースレス トイル］

吐露
とろ

心に思っていることを、隠さずうちあけること。

思わず本音を吐露してしまう。

speak out［スピーク アウト］

鈍化
どんか

勢いがにぶくなる
こと。

不況により消費活動
が鈍化する。

become dull [ビカム ダル]

泥仕合
どろじあい

相手の欠点などを
言い合い、みにく
い争いをすること。

泥仕合を演じてしま
った。

mudslinging [マッドスリンギング]

頓挫
とんざ

急に勢いを失う。
行き詰まること。

不況で事業が頓挫す
る。

setback [セットバック]

内在
ないざい

そのものの中に存
在すること。

この方法に内在する
大きな問題点。

inherent [インヒアラント]

内奥
ないおう

内部の奥深いとこ
ろ。

心の内奥に潜む心理。

depths [デプス]

内諾
ないだく

表立たずに承諾す
ること。

相手の要望を内諾す
る。

informal consent [インフォーマル コンセント]

内省
ないせい

自分の考えや行動
などを深くかえり
みること。

十分な内省を促す。

reflection [リフレクション]

ないまぜ

性質の違うものを混ぜ合わせること。

あることないことをないまぜにして話す。

mix［ミックス］

なかんずく

いろいろあるなかで特に。

どの教科も重要だが、なかんずく国語は重要だ。

among all［アマング オール］

済し崩し
なしくずし

物事を少しずつ変えていくこと。

企画が済し崩しに変更される。

little by little［リトル バイ リトル］

ナショナリズム

国家や民族の独立などを目ざす思想や運動。

ナショナリズムに傾斜した政権。

nationalism［ナショナリズム］

何をか言わんや
なにをかいわんや

あきれて何も言えない。

こんな成績で終わるとは何をか言わんやだ。

What can I say about it?
［ホワット キャン アイ セイ アバウト イット］

二階から目薬
にかいからめぐすり

思うようにならないこと。効果がないこと。

Far water does not put out near fire.
遠くの水は近くの火を消せない。

87

ニッチ

すきま。
この商売はニッチ産業である。

niche ［ニッチ］

日参
にっさん

毎日同じ場所へ出向くこと。
営業マンが客先に日参する。

visit daily ［ヴィズィット デイリー］

ぬかずく

額を地面につけるようにして、ていねいに拝む。
神前でぬかずく。

kowtow ［カウタウ］

俄仕込
にわかじこみ

間に合わせに急いで覚える。
俄仕込の英会話。

hastily acquired
［ヘイスティリー アクアイヤード］

ぬかに釘
ぬかにくぎ

手ごたえがなく、ききめのないこと。

Bolt the door with a boiled carrot.
ゆでたにんじんでドアにかぎをかける。

ネイティブ

その土地の人。
ネイティブスピーカーに英語を学ぶ。

native ［ネイティヴ］

値が張る
ねがはる

値段が高い。

値が張るだけあって
品質はよい。

rootless [ルートレス]

根無し草
ねなしぐさ

ふらふらした生き
方。

根無し草のような生
活。

rootless [ルートレス]

寝耳に水
ねみみにみず

突然の出来事に驚
くこと。

そんな話は寝耳に水
だ。

taken by surprise
[テークン バイ サープライズ]

ねめ回す
ねめまわす

にらみまわす。

相手の顔をねめ回す。

scowl at [スカウル アット]

ねんごろ

心がこもった。

お客様にねんごろな
あいさつをした。

cordiality [コーディアリティー]

伸びしろ
のびしろ

能力的に成長する
余地。

この選手には、まだ
まだ伸びしろがある。

room for growth [ルーム フォア グロウス]

ノルマ

各人に与えられる
仕事などの量。

厳しいノルマを負わ
される。

norma [ノーマ]

どうも

のれんに腕押し

のれんにうでおし

手ごたえのないようす。

どれだけ説得しようとしても、のれんに腕押しだ。

vain effort [ヴェイン エフォート]

のれん分け

のれんわけ

商家で、のれんを分けること。

そば屋がのれん分けをする。

setting up branch
[セッティング アップ ブランチ]

バイオテクノロジー

生物を研究し、応用する技術。

バイオテクノロジーの研究を行う。

biotechnology [バイオテクノロジー]

ハイカラ

流行を追ったり新しいものを好んだりすること。

ハイカラな服装で登場する。

stylish [スタイリッシュ]

はかばかしい

物事がうまく進んでいる。

工事の進み具合がはかばかしくない。

making progress [メーキング プログレス]

覇気

はき

物事に積極的に取り組もうとする意気込み。

今一つ覇気が伝わってこない。

spirit [スピリット]

薄氷を踏む

はくひょうをふむ

危なっかしいようす。

薄氷を踏む思い。

walk on eggshells
[ウォーク オン エッグシェルズ]

剥離

はくり

はがれること。

網膜が剥離する。

peel off [ピール オフ]

90

薄利多売
はくりたばい

利益を少なくし、たくさん売ることでもうけること。

薄利多売の販売方法。

仕入れは
800円

1,000円

low-margin, high-turnover
[ローマージン ハイターンオーヴァー]

跋扈
ばっこ

思うようにのさばること。

悪党たちが世に跋扈する。

rampancy [ランパンスィー]

発露
はつろ

思っていることが外にあらわれること。

激しい闘争本能の発露。

revelation [レヴェレーション]

パティシエ

ケーキなどの、菓子職人。

パティシエを目指して修行する。

patissier [パティシエ]

破天荒
はてんこう

今まで誰もしたことがないことを行うようす。

破天荒な大事業を起こす。

unprecedented [アンプレセデンティッド]

パトロン

援助する人。

彼はこの劇団の大切なパトロンだ。

patron [パトロン]

鼻白む
はなじろむ

批判を受けたりして、気分を害する。

無視されて鼻白む。

feel discouraged [フィール ディスカレッジド]

歯に衣着せぬ
はにきぬきせぬ

遠慮せずに、思ったことをずけずけ言う。

歯に衣着せぬ物言い。

talk straight ［トーク ストレート］

はなも引っ掛けない
はなもひっかけない

相手にしない。

有名になり、昔の友人にはなも引っ掛けなくなった。

disregard ［ディスリガード］

バリエーション

もとのかたちから変化したもの。

そのバリエーションも限界に来ている。

variation ［ヴァリエーション］

疾風
はやて

急に激しく吹き起こる風。

疾風のごとく通り過ぎる。

gale ［ゲイル］

ハレ

祭や年中行事などを行う特別な日。

⇕ケ
ハレの日。

sacred ［セイクリッド］

張子の虎
はりこのとら

威勢がよくて強そうだが、本当は弱い人。

彼は強がっているが、しょせんは張子の虎だ。

paper tiger ［ペーパー タイガー］

反旗を翻す
はんきをひるがえす

反逆する。

指導者に対して反旗を翻す。

revolt ［リヴォールト］

パロディ

他の芸術作品を風刺、批判する目的を持って模倣した作品。

名作のパロディ。

parody ［パロディ］

盤石
ばんじゃく

しっかりしていてびくともしないこと。

盤石の態勢で臨む。

firmness［ファームネス］

反芻
はんすう

繰り返し考え、よく味わうこと。

師匠の言葉を反芻する。

rumination［ルーミネーション］

判然
はんぜん

はっきりとわかるようす。

トップの方針が判然としない。

clearness［クリアネス］

万物流転
ばんぶつるてん

この世の全てのものは変化してやまないということ。

万物流転の法則に従う。

everything is constantly changing
［エヴリスィング イズ コンスタントリー チェンジング］

悲喜交交
ひきこもごも

悲しみと喜びが入りまじるようす。

悲喜交交のストーリー展開だ。

joy and sorrow［ジョイ アンド ソロー］

卑近
ひきん

日常的で身近なこと。

卑近な例を挙げる。

common［コモン］

庇護
ひご

弱いものをかばって守ること。

両親の庇護の下で育つ。

protection［プロテクション］

非業の死
ひごうのし

望んでいなかった悲惨な最期。

非業の死を遂げる。

death by calamity［デス バイ カラミティー］

膝を打つ
ひざをうつ

急に思いついた時や、感心したりした時の動作。いいアイディアに思わず膝を打つ。

それじゃ！

hit knee [ヒット ニー]

美辞麗句
びじれいく

うわべだけ美しく飾った言葉。誠意のない言葉。

マスコミは、ありったけの美辞麗句でその作品を称えた。

florid expression
[フローリッド エクスプレッション]

備蓄
びちく

万一に備えて蓄えること。

地震に備えて食糧を備蓄する。

stockpile [ストックパイル]

筆舌に尽くしがたい
ひつぜつにつくしがたい

言葉では表現しきれない。

筆舌に尽くしがたい悲惨な状況。

beyond description
[ビヨンド ディスクリプション]

筆致
ひっち

文章などの書かれたようす。

しっかりとした筆致で書かれた文章。

touch [タッチ]

逼迫
ひっぱく

差し迫ること。貧乏。

財政が逼迫する。

imminence [イミネンス]

ひと泡吹かせる
ひとあわふかせる

相手が予想しないことをやって、あわてさせる。

油断している敵にひと泡吹かせる。

startle [スタートル]

94

人好き
ひとずき
人に好かれること。
人好きのする青年。

friendly［フレンドリー］

標語
ひょうご
短く簡単に表した
文句。スローガン。
薬物撲滅の標語を募
集する。

slogan［スローガン］

百戦錬磨
ひゃくせんれんま
経験が豊富なこと。
百戦錬磨の強者たち。

veteran［ヴェテラン］

漂白
ひょうはく
白くする。
ジーパンを漂白する。

bleaching［ブリーチング］

氷山の一角
ひょうざんのいっかく
たまたま表面に現
れた、大きな物事
の一部分。
この事件は氷山の一
角にすぎない。

tip of the ice［ティップ オブ ズィ アイス］

翻って
ひるがえって
これとは反対に、
見方を変えると。
翻ってわが国の現状
を見ると、決して楽
観できない。

conversely［コンヴァースリー］

日和見
ひよりみ
有利な方につこう
と、状況をうかが
うこと。
彼の方針は日和見主
義とも言える。

opportunism［オポチュニズム］

披瀝
ひれき

心の中を隠さずに打ち明けること。

正直な考えを披瀝する。

express［イクスプレス］

頻出
ひんしゅつ

しきりに起こること。

難問が頻出する。

repeated appearance
［リピーティッド アピアランス］

貧すれば鈍する
ひんすればどんする

貧乏になると、利口な人でも愚かになるということ。

He that loses his goods loses his sense.
財産をなくす者は分別をなくす。

フィアンセ

婚約者。

両親にフィアンセを紹介する。

fiancé［フィアンセ］

吹聴
ふいちょう

言いふらすこと。

人のうわさを吹聴して回る。

spreading rumor
［スプレッディング ルーマー］

風説
ふうせつ

世間のうわさ。

風説に惑わされる。

○○だけダイエット

△△を飲むとみるみるやせる

ズボラでok ダイエット

どれがいいの？

rumor［ルーマー］

笛吹けども踊らず
ふえふけどもおどらず

あれこれと手を尽くしても、それに応えようとする人が
いないということ。

We have piped unto you, and ye have not danced.
私たちが笛を吹いたのに、あなたたちは踊ってくれなかった

負荷
ふか

負担。重荷。

彼ひとりだけに負荷
がかかっている。

load［ロード］

フェミニズム

女性の立場を尊重
する考え方。

フェミニズム運動が
盛んな時代。

feminism［フェミニズム］

不興を買う
ふきょうをかう

相手の機嫌を損ね
ること。

上司の不興を買う。

displease［ディスプリーズ］

不可避
ふかひ

避けられないこと。

国交断絶は不可避だ。

unavoidability［アナヴォイダビリティー］

腹案
ふくあん

心の中に持ってい
る考え。

腹案を準備して会議
に臨む。

plan in mind［プラン イン マインド］

よし！
あのアイデアを
提案しよう

97

腹心
ふくしん

心の奥底。深く信頼すること。

腹心を語る。腹心の部下。

the bottom of heart [ザ ボトム オブ ハート]

馥郁
ふくいく

よい香りが漂うさま。

馥郁たるバラの香り。

fragrant [フラグラント]

覆水盆に返らず
ふくすいぼんにかえらず

一度やってしまったことは取り返しがつかないこと。

It is no use crying over spilt milk.
こぼれたミルクを嘆いても仕方がない。

不言実行
ふげんじっこう

あれこれ言わずに黙って実行すること。

今は不言実行の時だ。

put into practice silently
[プット イントゥ プラクティス サイレントリー]

よし！とにかくオレはやる!!

無粋
ぶすい

面白みのないこと。野暮。

無粋なことを言う。

boorish [ブゥアリィシュ]

腐心
ふしん

いろいろ悩み、苦労すること。

チーム強化のために幹部が腐心する。

worry [ウォーリー]

98

伏字
ふせじ

印刷物で、明記を避けるために、その部分を空白にしたり、○や×で表したりすること。

使用禁止用語を伏字にする。

asterisk [アステリスク]

物故
ぶっこ

人が死ぬこと。

昨年物故した有名人。

death [デス]

筆不精
ふでぶしょう

面倒がって手紙などを書こうとしないこと。

筆不精で年賀状すら書かない。

lazy in writing [レイズィー イン ライティング]

不文律
ふぶんりつ

互いに心の中で了解し合っているきまり。

プライバシーに触れないのが不文律であった。

unwritten law [アンリトゥン ロー]

不偏不党
ふへんふとう

いずれの主義や党派にも加わらないこと。

不偏不党の立場で立候補する。

impartiality [インパーシアリティー]

浮遊
ふゆう

空中や水面に浮かびただようこと。

空気中に浮遊するちり。

floating [フローティング]

ブラウザー

ウェブページを見るためのソフト。

ブラウザーを更新する。

browser [ブラウザー]

無頼
ぶらい

まともな仕事につかず、行いが悪いこと。

無頼派と呼ばれた小説家。

lawlessness [ローレスネス]

フランチャイズ

親企業（フランチャイザー）が加盟店（フランチャイジー）に与える営業販売権。

フランチャイズチェーンが広がる。

franchise［フランチャイズ］

フロンティア

新しい分野。最先端。

フロンティア精神。

frontier［フロンティア］

憤怒

ふんぬ

大いに怒ること。

ひどい待遇に憤怒する。

fury［フューリー］

分別くさい

ふんべつくさい

いかにも分かっているような様子である。

若いのに分別くさいことを言う。

prudent looking［プルーデント ルッキング］

文脈

ぶんみゃく

文章や話の流れ、すじみち。

前後の文脈によって言葉の意味は変化する。

context［コンテクスト］

米寿

べいじゅ

八十八歳のこと。

米寿の祝いをする。

eighty-eight years old
［エイティエイト イヤーズ オールド］

下手の横好き

へたのよこずき

下手なくせに、そのことが好きで熱心なこと。

being crazy about something but being very bad at it
大変熱中しているが、下手である。

蔑視
べっし
軽べつの目で見る
こと。

蔑視に耐えられない。

disdain［ディスデイン］

蛇の生殺し
へびのなまごろし
中途半端な状態の
ままにして苦しめ
ること。

いつまでたっても結
論が出ず蛇の生殺し
だ。

limbo［リンボー］

偏愛
へんあい
ある物や人だけを
かたよって愛する
こと。

あまりに強い、娘へ
の偏愛。

partiality［パーシャリティー］

偏狭
へんきょう
自分だけの狭い考
えにとらわれるこ
と。

偏狭な老人。

narrow-mindedness
［ナローマインディッドネス］

辺境
へんきょう
都会から遠く離れ
た土地。

辺境の地を訪れる。

frontier［フロンティア］

変容
へんよう
姿や形が変わるこ
と。

街がめまぐるしく変
容する。

change［チェンジ］

萌芽
ほうが
物事がはじまるこ
と。めばえ。

幼児の行動に、自立
心の萌芽が見られる。

bud［バッド］

傍若無人
ぼうじゃくぶじん

勝手気ままにふるまうこと。

傍若無人にさわぐ。

act ignoring others
[アクト イグノアリング アザーズ]

咆哮
ほうこう

ほえること。

野獣の咆哮。

roar [ローア]

放心
ほうしん

魂が抜けたようにぼんやりすること。

いつまでも放心状態が続く。

absent-minded [アブセント マインディッド]

飽食
ほうしょく

飽きるほど食べること。

飽食の時代。

satiation [セイシエーション]

反故にする
ほごにする

無いものとする。

契約を反故にする。

scrap [スクラップ]

補説
ほせつ

補って説明すること。

十分な補説を行う。

資料のデータの補足として

excursus [エクスカーサス]

凡庸
ぼんよう

すぐれた点もなく平凡なこと。

凡庸な内容の作品。

mediocrity [ミーディオクリティー]

マーケティング

企業が行う市場活動。

大学でマーケティング理論を学ぶ。

marketing [マーケティング]

奔流
ほんりゅう

激しい流れ。

奔流に押し流される。

torrent [トーレント]

埋没
まいぼつ

埋もれて見えなくなること。

地すべりで民家が埋没する。

buried [ベリード]

枚挙にいとまがない
まいきょにいとまがない

たいへんに多くていちいち数え切れない。

ぼくの失敗談は枚挙にいとまがない。

too numerous to mention
[トゥー ニューメラス トゥ メンション]

枕を並べる
まくらをならべる

大勢が同じことをする。

優勝候補たちが、枕を並べて敗退する。

do the same [ドゥ ザ セイム]

紛う
まがう

区別できないほどよく似ている。

実物と紛うばかりの造花。

mistaken [ミステークン]

末裔
まつえい

子孫。

彼は、徳川家康の末裔だそうだ。

descendant [ディセンダント]

間尺に合わない
ましゃくにあわない

割に合わない。損になる。

間尺に合わない商売。

does not pay [ダズ ノット ペイ]

的を射る
まとをいる

的確に要点をとらえる。

的を射た意見。

pertinent ［パーティネント］

末期
まつご

人の死のうとする時。

末期の言葉を残す。

dying moment ［ダイング モーメント］

マネジメント

管理すること。経営すること。

マネジメントがしっかりした会社。

management ［マネジメント］

満身創痍
まんしんそうい

全身傷だらけであること。転じて、徹底的にいためつけられること。

満身創痍で帰国する。

wounded all over
［ウーンディッド オール オーヴァー］

摩耗
まもう

擦り減ること。摩耗したマットを取りかえる。

abrasion ［アブレージョン］

ミイラ取りがミイラになる
ミイラとりがミイラになる

人を連れもどしに行ったりした人が、
そのままもどらなくなることのたとえ。

Many go out for wool and come home shorn.
羊毛をとりに行った者が、毛を刈られてしまうことが多い。

三行半
みくだりはん

夫から妻に別れを告げること。男女の仲を断つこと。遂に三行半を突きつけられる。

divorce note [ディヴォース ノート]

見切り発車
みきりはっしゃ

十分な検討がないまま、実行に移すこと。新制度が、見切り発車で決定された。

hasty start [ヘースティー スタート]

水掛け論
みずかけろん

たがいに都合のいい理屈を主張し、かみ合わない議論。水掛け論を繰り返していても、問題の解決にならない。

endless dispute [エンドレス ディスピュート]

水物
みずもの

状況によって変わりやすく、予想しにくい物事。勝負事は水物だ。

gamble [ギャンブル]

水際立つ
みずぎわだつ

特に目立ってすばらしいこと。彼女は水際立った演技を見せた。

distinctive [ディスティンクティヴ]

身空
みそら

身の上。体。若い身空で苦労をする。

body [ボディー]

水をあける
みずをあける

競争相手に差をつける。首位グループから大きく水をあけられた。

open up a big lead
[オープン アップ ア ビッグ リード]

見まがう

みまがう

見間違える。

本物と見まがうほど
よくできている。

mistake［ミステーク］

どっちが本物?!

脈々と

みゃくみゃくと

長く続いて絶えな
いさま。

古くから脈々と受け
継がれてきた伝統芸。

continuously［コンティニュアスリー］

身も世もない

みもよもない

悲しみがひどく、
何も考えていられ
ない。

身も世もなく泣きじ
ゃくる。

desperate［デスパレイト］

身をやつす

みをやつす

思い悩む。みすぼ
らしい姿に身を変
える。

かなわぬ恋に身をや
つす。

be absorbed in［ビー アブゾーブド イン］

身を焦がす

みをこがす

激しい恋の思いに、
もだえ苦しむ。

一方的な恋に身を焦
がす。

burn with love［バーン ウィズ ラヴ］

昔とった杵柄

むかしとったきねづか

昔、練習して覚え、
今でも少し自信が
ある技能。

父は、昔とった杵柄
とばかりにはりきっ
ていた。

skill acquired when young
［スキル アクアイアード ホウェン ヤング］

無我

むが

欲がないこと。無
心であること。

無我の境地に達する。

selflessness［セルフレスネス］

106

無機的
むきてき

生命の感じられないさま。

無機的なデザインを好む。

inorganic [イノーガニック]

向こう三軒両隣
むこうさんげんりょうどなり

自分の家の向かい側の三軒と左右の二軒の家。

向こう三軒両隣に挨拶に行く。

nearest neighbors [ニアレスト ネイバーズ]

向こうを張る
むこうをはる

張り合う。

相手の向こうを張って特訓する。

rival [ライヴァル]

無尽蔵
むじんぞう

いくらとってもなくならないこと。

無尽蔵とも言える数。

inexhaustibility
[インエグゾースティビリティー]

胸を借りる
むねをかりる

自分より強い者に、練習の相手になってもらう。

先輩の胸を借りて稽古をつけた。

allowed to practice with partner of higher skill
[アラゥド トゥ プラクティス ウィズ パートナー オブ ハイヤー スキル]

村八分
むらはちぶ

仲間外れにすること。

要望を拒否したら村八分状態になった。

ostracism [オストラスィズム]

迷彩
めいさい

他の物と区別がつきにくいような色や模様にすること。

完璧な迷彩を施す。

camouflage [キャモフラージュ]

名実
めいじつ

評判も実際も。

名実ともに日本を代表する作家。

name and substance
[ネーム アンド サブスタンス]

名状しがたい

めいじょうしがたい

言い表すことができないほどの。

名状しがたい恐怖が迫る。

indefinable [インディファイナブル]

迷走

めいそう

道を外れて不規則に進むこと。

リーダーが混乱して迷走する。

stray [ストレー]

目溢し

めこぼし

見て見ぬふりをすること。

不正を目溢しするわけにはいかない。

overlook [オーヴァールック]

目鼻がつく

めはながつく

だいたいの見通しがつく。

ようやく解決の目鼻がつく。

get into shape [ゲット イントゥ シェープ]

面目ない

めんぼくない

恥ずかしくて顔向けできない。

こんな失敗をしてしまい、面目ありません。

ashamed [アシェームド]

綿綿

めんめん

続いていて絶えない様子。

思いのたけを綿綿とつづる。

everlasting [エヴァーラスティング]

申し立てる

もうしたてる

意見を主張する。

異議を申し立てる。

assert [アサート]

妄念
もうねん

迷いの心。

妄念に取りつかれる。

a distracting idea
[ア ディストラクティング アイディア]

目算
もくさん

だいたいの見当。

来場者数を目算する。

estimate [エスティメイト]

目礼
もくれい

目だけで挨拶する。

廊下ですれ違い際に目礼する。

nod [ノッド]

モチベーション

意欲・やる気。きっかけ。

モチベーションを保つ。

motivation [モティヴェーション]

あと1キロ減で
あのスーツが
着られる！

もっけの幸い
もっけのさいわい

思いがけない幸運。

それをたまたま目にしたのがもっけの幸いだった。

unexpected fortune
[アンエクスペクティッド フォーチュン]

物見高い
ものみだかい

何でも見たがるようす。

火事の現場に物見高いやじうまが集まる。

curious [キュリアス]

物憂い
ものうい

気分が晴れない様子。

梅雨時は、物憂い日々が続く。

languid [ラングウイッド]

門戸を開く
もんこをひらく

自由に出入りできるようにすること。外国貿易に門戸を開く。

open door［オープン ドア］

門前の小僧習わぬ経を覚える
もんぜんのこぞうならわぬきょうをおぼえる

日頃から聞いたりしているものは、
いつのまにか覚えてしまうということ。

A saint's maid quotes Latin.
聖人の家のメイドは、ラテン語を引用する。

安請け合い
やすうけあい

軽々しく引き受ける。安請け合いして後悔する。

make rash promise
［メーク ラッシュ プロミス］

やおら

静かに、ゆっくりと。そのご婦人は、やおら会釈した。

slowly［スローリー］

野に下る
やにくだる

役人などを退いて民間の生活に入る。議員を退職して野に下る。

leave government service
［リーヴ ガヴァメント サーヴィス］

やつす

目立たないように姿を変える。乞食に身をやつす。

disguise oneself［ディスガイズ ワンセルフ］

やぶさかではない

ご協力するのはやぶさかではありません。

むしろ喜んでします、ということ。

ready［レディー］

揶揄
やゆ

人を揶揄するのはよくない。

からかうこと。

tease［ティーズ］

遊説
ゆうぜい

政治家が、地方へ遊説の旅に出る。

各地を演説して回ること。

campaigning［キャンペイニング］

誘致
ゆうち

地方都市に大学を誘致する。

招き寄せること。

attraction［アトラクション］

誘発
ゆうはつ

犯罪を誘発する環境。

あることが他のことを引き起こすこと。

induction［インダクション］

有名無実
ゆうめいむじつ

有名無実な制度では意味がない。

名ばかりで中身がないこと。

nominal［ノミナル］

遊離
ゆうり

現実から遊離した提案。

他から離れていること。

separation［セパレーション］

遊歴
ゆうれき

諸国を遊歴する。

各地を巡り歩くこと。

tour［ツアー］

ユニバーサル

世界に渡るさま。一般的。
ユニバーサルな視野に立つ。

universal［ユニヴァーサル］

所以
ゆえん

わけ。いわれ。理由。
彼女が皆に好かれる所以。

reason［リーズン］

妖艶
ようえん

色っぽくて美しいさま。
妖艶な笑みを浮かべる。

bewitching［ビウィッチング］

ゆゆしい

重大である。
環境汚染はゆゆしい問題だ。

serious［スィリアス］

用命
ようめい

用を言いつけること。注文。
何なりと御用命下さい。

なんなりとお申しつけください

order［オーダー］

拠りどころ
よりどころ

支えや裏付けとなるもの。
コーチの指導を拠りどころに、練習に励む。

hold［ホールド］

夜もすがら
よもすがら

夜通し。
夜もすがら机に向かう。

all night［オール ナイト］

初級

リサーチ

調査。研究。

現場の状況をリサーチする。

research ［リサーチ］

立錐の余地もない

りっすいのよちもない

隙間がないほどこんでいるようす。

会場は混雑しており立錐の余地もない。

packed like sardines
［パット ライク サーディンズ］

理にかなう

りにかなう

理屈に合っている。

理にかなった説明をお願いします。

make sense ［メーク センス］

リバウンド

ダイエットをやめた時の体重増加など、はね返り。

ダイエットのリバウンド。

rebound ［リバウンド］

離反

りはん

従っていたものが、そむき離れること。

人心の離反した政治。

secede ［スィスィード］

リピーター

同じ店や場所を何度も利用する人。

リピーターが多いレストラン。

repeater ［リピーター］

リベラル

伝統や習慣にとらわれないさま。

リベラルな政策を掲げる党。

liberal ［リベラル］

113

利便性
りべんせい

都合がよく便利で
あること。

何よりも利便性を優
先する。

convenience [コンヴィニエンス]

凌駕
りょうが

他のものを追い抜
き上に立つこと。

他のチームを凌駕す
る戦力。

surpass [サーパス]

粒粒辛苦
りゅうりゅうしんく

細かいところまで
苦心すること。

粒粒辛苦して詩を完
成させる。

toil and moil [トイル アンド モイル]

流布
るふ

世間に広まること。

悪いうわさがあっと
いう間に流布する。

prevalence [プレヴァランス]

類推
るいすい

似たことをもとに
して、推察するこ
と。

過去の事例から類推
する。

inference [インファレンス]

レスポンス

反応。返事。

今一つレスポンスが
よくない。

response [レスポンス]

冷厳
れいげん

冷静で厳かなさま。

冷厳な態度を保つ。

cold [コールド]

烈火（れっか）

激しい勢いで燃え盛る火。

烈火のごとく怒り出す。

raging fire［レージング ファイヤー］

列挙（れっきょ）

並べあげること。

商品の利点を列挙する。

enuneration［エヌメレーション］

連綿（れんめん）

物事が長く続いて絶えないこと。

この祭りは、大昔から連綿と続いている。

continuity［コンティニュイティー］

老婆心（ろうばしん）

必要以上なおせっかい。

老婆心ながら、このことだけは伝えたい。

concern［コンサーン］

労を厭わぬ（ろうをいとわぬ）

苦労を惜しまないさま。

労を厭わずボランティア活動に励む。

spare no efforts［スペア ノー エフォーツ］

露見（ろけん）

悪事などがばれること。

悪事が露見する。

disclosure［ディスクロージャー］

論破（ろんぱ）

議論をして相手の説を破ること。

相手の意見を論破する。

refute［リフュート］

矮小
わいしょう

小さくてちっぽけ
であること。

あまりに矮小な考え
方。

dwarfishness［ドゥオーフィッシュネス］

歪曲
わいきょく

事実をゆがめるこ
と。

勝手に歪曲化された
イメージ。

distortion［ディストーション］

禍を転じて福と為す
わざわいをてんじてふくとなす

わざわいに襲われても、それが逆に幸せに転じること。

Make the best of a bad bargain.
不利な取り引きで最善を尽くす。

和して同ぜず
わしてどうぜず

仲よく交際はして
も、自分の考えを
曲げたりしない。

和して同ぜずが彼の
スタイルだ。

harmonize but not agree
［ハーモナイズ バット ノット アグリー］

渡りに舟
わたりにふね

困っているときに、一番都合よいことが起こること。

---

finding a ship when one needs to cross.
渡りたいときに舟を見つける。

2

中

級

合縁奇縁
あいえんきえん

不思議な縁。

合縁奇縁というべき
か、彼とはとても気
が合う。

fateful encounter [フェートフル エンカウンター]

哀惜
あいせき

人の死などを悲し
み、惜しむこと。

哀惜の念にたえない。

lamentation [ラメンテーション]

哀切
あいせつ

もの悲しくあわれ
なこと。

哀切きわまりない物
語。

sorrow [ソロー]

アイデンティティー

自分が自分である
こと。存在証明。
独自性。

大衆社会では、アイ
デンティティーが失
われがちである。

identity [アイデンティティー]

相半ばする
あいなかばする

互いに半分ずつで
ある。

好きと嫌いが相半ば
する。

equal [イークォール]

哀憐
あいれん

悲しみ、あわれむ
こと。

捨て猫に哀憐の情を
抱く。

pity [ピティー]

隘路
あいろ

狭くて険しい道。
障害や支障。

予算枠が隘路となっ
て計画が中断した。

これ以上の予算はない

narrow path [ナロー パス]

アイロニー

皮肉。あてこすり。

アイロニーに満ちた作品。

irony [アイロニー]

アウトソーシング

業務を外に任せること。

業務をアウトソーシングでまかなう。

outsourcing [アウトソースィング]

営業　広告　経理

アウトライン

輪郭。あらまし。

出来事のアウトラインを話す。

outline [アウトライン]

悪女の深情け
あくじょのふかなさけ

見た目がよくない女性は情が深いということ。

Evil woman is tender hearted.
悪い女は心が優しい。

悪辣
あくらつ

手段があくどいこと。

悪辣な手段。

vicious [ヴィシャス]

悪風
あくふう

悪い風習。

知らぬ内に悪風に染まる。

bad custom [バッド カスタム]

上げ潮
あげしお

満ち潮。勢いが盛んになる。

経営が上げ潮に乗る。

high tide [ハイ タイド]

顎を出す
あごをだす

疲れ切る。

急な坂道で顎を出す。

exhausted [エグゾースティッド]

あざなう

糸をより合わせる。縄をなう。

太い縄をあざなう。

twist together [トゥイスト トゥギャザー]

朝な夕な
あさなゆうな

朝晩。いつも。

朝な夕なのトレーニングに励む。

morning and evening
[モーニング アンド イヴニング]

足切り
あしきり

基準以下の者を切り捨てる。

足切りで落第にされてしまう。

cut off [カット オフ]

当たらず障らず
あたらずさわらず

どっちつかずであるさま。

当たらず障らずの返事を返す。

noncommittal [ノンコミッタル]

当て馬
あてうま

相手の様子をうかがうために差し出した者。

あの候補は当て馬に過ぎない。

stalking horse [ストーキング ホース]

後足で砂をかける
あとあしですなをかける

人から受けた恩に報いるどころか、裏切ること。

Turn back on one.
背を向ける。

剰え
あまつさえ

その上。おまけに。

雨が激しく、剰え屋根に穴が空いている。

furthermore［ファーザーモア］

阿鼻叫喚
あびきょうかん

むごたらしく悲惨な光景。

事故現場は阿鼻叫喚と化していた。

pandemonium［パンディモニアム］

荒療治
あらりょうじ

荒っぽい治療や改革。

この組織は荒療治が必要だ。

drastic treatment［ドラスティック トリートメント］

綾なす
あやなす

美しい模様や色で飾る。

もみじが綾なす秋の山々。

decorate beautifully［デコレート ビューティフリー］

暗然
あんぜん

悲しみ、絶望などで心がふさぐさま。

暗然たる思いに駆られる。

dark［ダーク］

案出
あんしゅつ

工夫して考え出すこと。

新しい技法を案出する。

invent［インヴェント］

按分
あんぶん

基準となる数量に比例して物を分けること。

売り上げに応じて収益を按分する。

proportional division
[プロポーショナル ディヴィジョン]

収益

売上A　売上B　売上C

案にたがわず
あんにたがわず

かねて予想していたとおり。

案にたがわず事態が進展している。

as expected [アズ エクスペクティッド]

暗喩
あんゆ

「…のようだ」などの形を用いず、直接他の例で表現する方法。

「彼は鬼だ」は暗喩表現だ。

metaphor [メタファー]

言い値
いいね

売る側がきめたままの値段。

家を言い値で買う。

asking price [アスキング プライス]

言い募る
いいつのる

興奮するなどして次第に激しい口調になる。

怒りを抑えられず言い募る。

assert [アサート]

位階
いかい

律令制での地位を表す序列・等級。

高い位階につく。

rank [ランク]

言うも愚か
いうもおろか

言うまでもない。

言うも愚か、私たちは助け合いが必要だ。

needless to say [ニードレス トゥ セイ]

怒り心頭に発する

いかりしんとうにはっする

激しく怒る。

我慢ができず怒り心頭に発した。

become very angry [ビカム ヴェリー アングリー]

意気阻喪

いきそそう

意気込みがくじけ弱ること。

落第して意気阻喪する。

depression [ディプレッション]

寝穢い

いぎたない

なかなか起きない。

寝穢く毎日を送る。

sound asleep [サウンド アスリープ]

依拠

いきょ

物事の基礎とすること。

住民に依拠した市政を行う。

reliance [リライアンス]

委細

いさい

詳しいこと。

委細はメールでお伝えします。

detail [ディテール]

委細は メールで

PC

依拠

（※）

意趣

いしゅ

他人の仕打ちに対する恨み。

遂に相手への意趣を晴らす。

grudge [グラッジ]

意趣返し

いしゅがえし

恨みを返すこと。

手痛い意趣返しをされる。

revenge [リヴェンジ]

意匠
いしょう
美しくするための工夫。
意匠をこらした作品が、展示されている。

design［ディザイン］

居住まいを正す
いずまいをただす
きちんとした姿勢に座りなおす。
居住まいを正して来客を待つ。

sit up［スィット アップ］

痛くも無い腹をさぐられる
いたくもないはらをさぐられる
自分がしていないのに疑われる。
余計なことをして、痛くも無い腹をさぐられる。

unfairly suspected
［アンフェアリー サスペクティッド］

一意専心
いちいせんしん
心を一つのことに集中すること。
一意専心で事件の調査を行う。

single-mindedness
［スィングル マインディッドネス］

一元
いちげん
もとがただ一つであること。
データを一元管理する。

unified［ユニファイド］

一時期を画する
いちじきをかくする
期間をはっきり区別する。
世界史に一時期を画した革命。

demarcating an era
［ディマーケイティング アン エラ］

一日千秋
いちじつせんしゅう
一日が千年のように思われるほど待ち遠しいこと。
母は、父がアメリカから帰国するのを一日千秋の思いで待っている。

eternal waiting［エターナル ウェーティング］

一汁一菜
いちじゅういっさい

地味で粗末な食事。

「一汁一菜の生活に耐える。」

simple meal［スィンプル ミール］

一分
いちぶ

ごくわずかな部分。

「一分の隙も見せない。」

imperceptible［インパーセプテブル］

一望千里
いちぼうせんり

ひじょうに見晴らしがよいこと。

「一望千里の夜景が広がっている。」

boundless expanse
［バウンドレス エクスパンス］

一枚岩
いちまいいわ

しっかりまとまっている。

「一枚岩の経営陣。」

solidarity［ソリダリティー］

一家言
いっかげん

その人独自の意見。

「絵画については一家言をもっている。」

unique assertion［ユーニーク アサーション］

一気呵成
いっきかせい

一息に成しとげる。

「彫刻を一気呵成に仕上げる。」

at a stroke［アット ア ストローク］

一騎当千
いっきとうせん

一人で千人の敵を相手にするほど強いこと。

「一騎当千のパワーを発揮する。」

mighty warrior［マイティ ウォリアー］

一顧だにしない
いっこだにしない

わずかに振り返ってみることもしない。

「彼らはこのアイデアを一顧だにしない。」

dismiss［ディスミス］

一席ぶつ
いっせきぶつ
大勢の聞き手に向かって演説をしたりすること。
経済政策について一席ぶつ。

make speech [メーク スピーチ]

一朝一夕
いっちょういっせき
短い時間。
りっぱな仕事は一朝一夕にできるものではない。

a short while [ア ショート ホワイル]

一端に触れる
いったんにふれる
ほんの一部分に出合う。
歴史の一端に触れる。

touch one end [タッチ ワン エンド]

鯔背
いなせ
男らしく格好よいさま。
鯔背な若い衆がみこしを担ぐ。

gallant [ギャラント]

暇乞い
いとまごい
ひまをくれるように願い出ること。
別れを告げること。
静養が必要なので上司に暇乞いをする。

leave-taking [リーヴ テーキング]

今を時めく
いまをときめく
現在、世間で盛んにもてはやされている。
今を時めくロックバンド。

most popular today
[モースト ポピュラー トゥデイ]

意に染まぬ
いにそまぬ
気がすすまない。
意に染まぬ条件を提示される。

reluctant [リラクタント]

意訳
いやく

原文の一語一語にとらわれず、全体の意味やニュアンスをくみとって翻訳すること。

英語の詩を意訳する。

contextual translation
[コンテクスチュアル トランスレーション]

いや増す
いやます

いよいよ増してくること。

寒さがいや増してきた。

increase [インクリース]

遺漏
いろう

大切な事が抜け落ちていること。

遺漏のないように書類をまとめる。

omission [オミッション]

じ～～っ

色香
いろか

色と香り。女性のあでやかな顔と姿。

美人の色香に惑う。

color and fragrance
[カラー アンド フレグランス]

色を正す
いろをただす

あらたまった顔つきをする。

色を正して謝罪する。

look serious [ルック スィリアス]

色をなす
いろをなす

とても怒ること。相手の横柄な態度に色をなす。

rage [レージ]

いわく言い難い
いわくいいがたい

簡単には説明できない。

いわく言い難い感情を抱く。

indescribable [インディスクライバブル]

陰陰滅滅
いんいんめつめつ

陰気で気が滅入る
ようす。

陰陰滅滅とした日々
を過ごす。

gloomy［グルーミー］

インカム

収入。

ダブルインカムとは、
共稼ぎのことだ。

income［インカム］

因果を含める
いんがをふくめる

事情をよく説明し
て、説得すること。

納得していない相手
に因果を含める。

うーん…

persuade［パースウェード］

隠語
いんご

特定の社会・集団
内でだけ通用する
特殊な語。

隠語を使って伝達す
る。

jargon［ジャーゴン］

慇懃無礼
いんぎんぶれい

表面的には丁寧だ
が実は人を見下げ
ていること。

慇懃無礼な態度が気
に障る。

feigned politeness［フェーンド ポライトネス］

淫靡
いんび

みだらでだらしな
い様子。

淫靡な空気が漂う街。

obscenity［オブスィーニティー］

引導を渡す
いんどうをわたす

最後の一言を言っ
てあきらめさせる。

遂に彼女に引導を渡
される。

give final word［ギヴ ファイナル ワード］

有為転変
ういてんぺん

すべては変化する。

有為転変の世の中。

mutability［ミュータビリティー］

隠喩
いんゆ

「〜ような」を使わず例えること。

「雪の肌」は、「雪のような肌」の隠喩だ。

metaphor［メタファー］

魚心あれば水心
うおごころあればみずごころ

相手がこちらを好きならば、こちらも同じ気持ちになるということ。

You scratch my back and I'll scratch yours.
私の背中をひっかいてくれたら君の背中をひっかいてあげよう。

憂き身をやつす
うきみをやつす

痩せるほど一つのことに熱中すること。

かなわぬ恋に憂き身をやつす。

addicted［アディクティッド］

浮名
うきな

男女間のうわさ。

若い頃に浮名を流した俳優。

rumor of love affair
［ルーマー オブ ラヴ アフェア］

氏より育ち
うじよりそだち

人は家柄や身分より、育てられ方が大切である。

Breeding counts more than birth.
育ちの方が生まれより重要だ。

うそ寒い
うそさむい

なんとなく寒い感じである。

うそ寒い初春の朝。

somewhat cold [サムホワット コールド]

後ろ暗い
うしろぐらい

やましいことをしている。

何も後ろ暗いところはありません。

shady [シェーディー]

打出の小槌
うちでのこづち

振れば何でも望んだ物が出てくるという小さなつち。

打出の小槌など現実には存在しない。

mallet of luck [マレット オブ ラック]

内祝い
うちいわい

近親者だけでする祝い。

内祝いの品物を贈る。

private celebration
[プライヴェート セレブレーション]

倦まずたゆまず
うまずたゆまず

飽きたり気を緩めたりせず。

倦まずたゆまず練習を積む。

untiringly [アンタイアリングリー]

打ち水
うちみず

涼しくするために水をまくこと。

家の前に打ち水をする。

sprinkling water [スプリンクリング ウォーター]

売り手市場
うりてじじょう

売り手（例・雇われる側）が買い手（雇う側）に対して有利な立場にある市場の状態。

就職戦線は売り手市場が続いている。

seller's market [セラーズ マーケット]

噂をすれば影が差す

うわさをすればかげがさす

人の噂をしていると、ちょうどそこへ
その人が現れることがあるということ。

Speak of the devil and he shall appear.
悪魔のことを話していると、そいつは現れる。

営々と

えいえいと

せっせと励む様子。

多くの人が営々と築
き上げた城が、滅び
てしまった。

unceasing［アンスィーズィング］

エッセンス

物事の重要な部分。

話のエッセンスを資
料としてまとめる。

essence［エッセンス］

壊疽

えそ

細胞が死んだ状態
から、感染などの
ためにさらに悪化
したもの。

壊疽が進んでいるた
め手術が必要だ。

gangrene［ギャングリーン］

恵方

えほう

その年にめでたい
と定められた方角。

恵方参りに行く。

lucky direction［ラッキー ディレクション］

得手勝手

えてかって

自分にだけ都合の
よいように行動す
ること。

誰も彼も得手勝手が
過ぎる。

selfish［セルフィッシュ］

エントリー

参加の申し込み。

エントリーナンバー七番。

entry ［エントリー］

怨嗟
えんさ

恨み嘆くこと。

怨嗟の声があちこちから聞こえる。

resentment ［リゼントメント］

老い先
おいさき

老人の余生。

老い先短い母に付き添う。

remaining years ［リメーニング イヤーズ］

遠来
えんらい

遠い所から来ること。

遠来の客をもてなす。

from afar ［フロム アファー］

老いらく
おいらく

年をとること。

老いらくの恋に陥る。

old age ［オールド エージ］

こんなに…

ドーン

押印
おういん

はんこなどを押すこと。

多くの書類に押印が必要だ。

affixing seal ［アフィクスィング スィール］

黄金分割
おうごんぶんかつ

見た目に最も美しく感じられる比率。

黄金分割比率はおよそ5対8です。

golden section ［ゴールデン セクション］

応分
おうぶん

身分や能力にふさ
わしいこと。

応分の待遇を受ける。

appropriate [アプロプリエート]

往時
おうじ

昔。

往時の華やかさはな
い。

past [パスト]

オーバーホール

機械などを分解し
て検査・修理する
こと。

腕時計をオーバーホ
ールする。

overhaul [オーヴァーホール]

大鉈を振るう
おおなたをふるう

思い切って大胆な
処理をすること。

古い組織に大鉈を振
るう。

make drastic cut
[メーク ドラスティック カット]

臆断
おくだん

根拠もなく推理で
判断すること。

身勝手な臆断が失敗
を招く。

speculation [スペキュレーション]

臆す
おくす

怖気づいておどお
どする。

臆すところなく主張
を貫く。

timid [ティミッド]

落としどころ
おとしどころ

もめ事や話し合い
が落ちつく点。

議論の落としどころ
を探る。

point of compromise
[ポイント オブ コンプロマイズ]

惜しむらくは
おしむらくは

残念なことには。

優れた選手だが惜し
むらくは協調性に欠
ける。

regret that ～ [リグレット ザット]

オペレーター

機械を操作する人。
テレフォンオペレーターの職を得る。

operator ［オペレーター］

ロ○サポートセンターです

思し召し
おぼしめし

考え・気持ちを敬っていう語。
これも神様の思し召しだ。

will ［ウィル］

思いなし
おもいなし

そうであろうと思い込むこと。気のせい。
思いなしか元気がない。

obsessed idea ［オブセスト アイディア］

思いの丈
おもいのたけ

思うことのありったけ。
思いの丈を母に打ち明ける。

whole heart ［ホール ハート］

面変わり
おもがわり

年をとるなどして、顔つきが変わること。
老けてすっかり面変わりする。

change in looks ［チェンジ イン ルックス］

面立ち
おもだち

顔のようす。
整った面立ちの役者。

features ［フィーチャーズ］

面映ゆい
おもはゆい

てれくさい。
ほめられて面映ゆい思いをする。

embarrassed ［エンバラスト］

134

折も折
おりもおり

ちょうどその時。

帰宅した折も折、来客があった。

just when［ジャスト ホウェン］

お歴々
おれきれき

地位、身分などの高い人々。

業界のお歴々が集まる。

notables［ノータブルズ］

恩赦
おんしゃ

確定した刑の全部または一部を消すこと。

彼は恩赦に浴して減刑される。

pardon［パードン］

オンデマンド

サービスの提供を、要求に応じた形で行うこと。

オンデマンドで技術者を派遣する。

on demand［オンデマンド］

御の字
おんのじ

十分でありがたいこと。

これだけ収穫があれば御の字だ。

most satisfactory
［モースト サティスファクトリー］

温容
おんよう

穏やかでやさしい顔つき。

温容さを決して崩さない。

kindly face［カインドリー フェイス］

快気祝い
かいきいわい

病気の全快を祝うこと。

病気が全快したとき、病中に見舞ってくれた人に贈物などして、お礼の気持ちを表すこと。

友人に快気祝いを送る。

celebrating recovery from illness
［セレブレーティング リカヴァリー フロム イルネス］

快気炎
かいきえん

威勢のよい発言。

酔った勢いで快気炎を上げる。

---

speak flamboyantly
[スピーク フランボイアントリー]

懐旧
かいきゅう

昔のことをなつかしく思い出すこと。

懐旧の情に浸る。

---

remembrance [リメンブランス]

概況
がいきょう

大体のようす。

概況をレポートにまとめる。

---

general condition [ジェネラル コンディション]

快哉
かいさい

たいへん愉快であること。

思わず快哉を叫ぶ。

---

cry of joy [クライ オブ ジョイ]

買い手市場
かいてしじょう

買い手（例・雇う側）が売り手（雇われる側）に対して有利な立場に立っている市場。

不景気のため買い手市場が続く。

---

buyer's market [バイヤーズ マーケット]

快刀乱麻を断つ
かいとうらんまをたつ

もつれた物事を見事に解決させる。

快刀乱麻を断つような大活躍。

---

solve a knotty problem readily
[ソルヴ ア ナティ プロブレム レディリー]

ガイドライン

政策などの方針。

新たなガイドラインをまとめる。

---

guideline [ガイドライン]

中級

返す返す（かえすがえす）

過ぎた事を強く悔やむさま。

返す返す残念な結果だ。

repeatedly［リピーティッドリー］

鑑（かがみ）

手本。模範。

医師の鑑と言える人物。

model［モデル］

火急（かきゅう）

極めて急。大至急。

火急な用件を伝える。

urgent［アージェント］

可及的（かきゅうてき）

できるだけ。

可及的速やかに対応して下さい。

as much as possible
［アズ マッチ アズ ポスィブル］

格式ばる（かくしきばる）

礼儀・作法などを重んじて堅苦しく振る舞う。

格式ばった挨拶をする。

adhere to formalities
［アドヒア トゥ フォーマリティーズ］

矍鑠（かくしゃく）

年をとっても丈夫で元気なさま。

祖父は米寿を迎えなお矍鑠としている。

vigorous old age［ヴィガラス オールド エイジ］

隔絶（かくぜつ）

かけ離れていること。

集団から隔絶した人。

isolation［アイソレーション］

確度
かくど

確かさ。

それは確度の高い情報と言える。

accuracy [アキュラスィー]

画然
かくぜん

区別がはっきりとしているさま。

両者には画然とした違いがある。

distinct [ディスティンクト]

攪拌
かくはん

かきまぜること。

卵の白身を攪拌する。

stir [スター]

かしずく

人に仕えて大事に世話をする。

主人にかしずく。

wait on [ウエイト オン]

寡作
かさく

芸術家などが作品を少ししか作らないこと。

寡作な画家。

unprolific [アンプロリフィック]

カスタマイズ

商品などに手を加え、好みのものに作り変えること。

集計システムをカスタマイズする。

customize [カスタマイズ]

臥薪嘗胆
がしんしょうたん

目的のために行う苦労。

長く臥薪嘗胆の思いをしてきた人。

perseverance [パーセヴィアランス]

カップうどん
と言えば

A社

寡占
かせん

少数の企業が市場を占めること。一社の寡占状態にある業界。

oligopoly [オリガパリー]

カタルシス

感情が解放され、気持ちが清まること。シェークスピア劇にカタルシスを得る。

catharsis [カタルシス]

割拠
かっきょ

ある地域で勢力を張ること。群雄が割拠する戦国時代。

holding ground [ホールディング グラウンド]

活写
かっしゃ

物事のありさまを生き生きと描き出すこと。現代社会を活写したドラマ。

describe vividly
[ディスクライブ ヴィヴィッドリー]

喝破
かっぱ

大声でしかりつけること。やる気が見られない社員を喝破する。

scolding [スコールディング]

我田引水
がでんいんすい

自分の都合のいいように考えたりふるまうこと。その計画は我田引水に聞こえる。

wheel and deal [ホィール アンド ディール]

カテゴリー

事柄の性質を区分する上でのもっとも基本的な分類。各ファイルに分けて範ちゅう。カテゴリー化する。

category [キャテゴリー]

139

金は天下の回り物
かねはてんかのまわりもの

今はお金が無い人の所にもいつかは回ってくるという励まし。

Money comes and goes.
お金は出たり入ったりするものだ。

喧しい
かまびすしい

やかましい。騒々しい。

喧しい蝉の鳴き声。

noisy [ノイズィー]

鎌首をもたげる
かまくびをもたげる

よくないことの起こるきざしがある。

大きな災難が鎌首をもたげる。

raise head [レイズ ヘッド]

我流
がりゅう

自己流。

書道を我流で学ぶ。

self-taught [セルフトート]

加味
かみ

他の要素をつけ加えること。

彼の提案を加味して企画書をまとめる。

add [アッド]

苛烈
かれつ

厳しく激しいこと。

苛烈な競争が展開されている。

severe [スィヴィア]

カルト

ある集団が示す熱狂的な支持。

カルト集団が社会問題を起こす。

cult [カルト]

勘案
かんあん

諸事情を考えあわ
せること。

諸般の事情を勘案し
て検討する。

consideration [コンスィダレーション]

含意
がんい

表面に現れない意
味を含み持つこと。

大事な含意を読み取
る。

implication [インプリケイション]

奸計
かんけい

悪だくみ。

奸計をめぐらす。

trick [トリック]

鑑みる
かんがみる

他と比べあわせて
考える。

諸条件を鑑みて判断
する。

heed [ヒード]

間隙を縫う
かんげきをぬう

わずかなすきまや
ひまを見つける。

相手ディフェンスの
間隙を縫う。

at odd moments [アット オッド モーメンツ]

甘言
かんげん

相手の気に入るう
まい言葉。

店員の甘言につられ
て買ってしまった。

flattery [フラッタリー]

換言すれば
かんげんすれば

言いかえれば。

その主張を換言すれ
ば、このようなこと
だ。

in other words [イン アザー ワーズ]

141

換骨奪胎
かんこつだったい

他のものをもとに、独自のものを作り出すこと。

この映画は古典を換骨奪胎したものだ。

modification ［モディフィケーション］

箝口令
かんこうれい

発言を禁じる命令。

箝口令をしく。

gag law ［ギャグ ロー］

甘受
かんじゅ

甘んじて受け入れること。

正しい批判であれば甘受します。

submit ［サブミット］

眼識
がんしき

物事のよしあし・本当などを見分ける能力。

眼識のある人に審査を依頼する。

insight ［インサイト］

含蓄
がんちく

深い意味や味わいがあること。

その言葉は含蓄に富んでいる。

implication ［インプリケーション］

艱難辛苦
かんなんしんく

大変な苦労や悩み。

艱難辛苦を乗り越えて出世する。

hardship ［ハードシップ］

官能
かんのう

耳・鼻・目など感覚器官の働き。

官能に多くの障害がある。

physical functions
［フィズィカル ファンクションズ］

カンフル

だめになりかけた
物事を復活させる
のに効果のあるも
の。

景気回復のカンフル
剤。

camphor［キャンファー］

頑迷
がんめい

頑固で道理がわか
らないこと。

頑迷な老人を説得す
る。

stubborn［スタバーン］

閑話休題
かんわきゅうだい

それはさておき。

その件は閑話休題と
して話を進めたい。

return from digression
［リターン フロム ディグレッション］

利いた風
きいたふう

いかにも知ってい
るような態度で生
意気なさま。

利いた風なことを言
うものではない。

talk knowingly［トーク ノーイングリー］

機運
きうん

時の巡り合わせ。

新規事業の機運が熟
する。

時は
来た!!

opportunity［オポチュニティー］

気宇壮大
きうそうだい

物事に対する心が
まえが大きく立派
なこと。

気宇壮大な人柄。

magnanimous［マグナニマス］

奇縁
きえん

思いもかけない不
思議な縁。

意外な奇縁で結ばれ
た間柄。

strange coincidence
［ストレンジ コインスィデンス］

気炎を揚げる
きえんをあげる

威勢のいいことを言う。

酔っぱらって気炎を揚げる。

talk big [トーク ビッグ]

起居
ききょ

立ったり座ったりすること。日常の生活。

友人と起居を共にする。

daily life [デイリー ライフ]

奇矯
ききょう

行動などが普通と違っていること。

奇矯な振る舞いが目につく。

eccentric [エキセントリック]

喜寿
きじゅ

七十七歳。

喜寿のお祝いをする。

seventy-seventh birthday
[セヴンティー セヴンス バースデー]

気丈夫
きじょうぶ

気持ちがしっかりしていること。

気丈夫な老人。

tough [タフ]

帰趨
きすう

行き着くところ。

勝敗の帰趨を見届ける。

result [リザルト]

機先を制する
きせんをせいする

相手より先に行動して、その勢いをくじく。

機先を制して攻勢に転じる。

outmaneuver in advance
[アウトマヌーヴァー イン アドヴァンス]

希代
きだい

世にまれであること。

希代の名優。

uncommon [アンコモン]

144

危地に立つ
きちにたつ

危険な立場や状況にいる。

絶体絶命の危地に立つ。

---
get into danger
[ゲット イントゥー デインジャー]

既知
きち

すでに知っていること。

既知の事実を再確認する。

---
known [ノウン]

気風がいい
きっぷがいい

思いきりがよく、さっぱりとしている。

江戸っ子だけあって気風がいい男。

---
generous [ジェネラス]

屹立
きつりつ

高くそびえ立つこと。

都心に屹立するビル群。

---
soar up [ソアー アップ]

木で鼻をくくる
きではなをくくる

無愛想で冷たいようす。

木で鼻をくくったような返事だ。

---
indifferent [インディファレント]

既得権
きとくけん

すでに獲得している権利。

石にかじりついても既得権を守る。

---
vested rights [ヴェスティッド ライツ]

企図
きと

あることをくわだてること。

経営再建を企図する。

---
attempt [アテンプト]

木に竹をつぐ
きにたけをつぐ

物事のつながりが不自然なようす。

To mix water with fire.
水と火を一つにする。

ギブアンドテイク
相手に利益を与え、自分も相手から利益を得ること。
ギブアンドテイクの関係が成立する。

give and take [ギヴアンドテイク]

忌避
きひ
嫌がって避けること。
困難な挑戦を忌避する。

evasion [イヴェージョン]

気骨が折れる
きぼねがおれる
あれこれ気を使って精神的に疲れる。
客の接待は何かと気骨が折れる。

mentally exhausting
[メンタリー エグゾースティング]

義憤
ぎふん
正義感からの怒り。
政治家の不正に義憤を覚える。

righteous indignation
[ライチャス インディグネーション]

気脈
きみゃく
連絡。意志の通じ合い。
スムーズに事を運ぶため気脈を通じておく。

communication [コミュニケーション]

キャパシティ

収容能力。物事を受け入れる能力。

キャパシティを超えた仕事量。

capacity [キャパスィティー]

キャプテンシー

キャプテンとしてチームを統率する力。

キャプテンシーを十二分に発揮する。

captaincy [キャプテンスィー]

旧交を温める
きゅうこうをあたためる

昔からのつきあいを再び始める。

久々に友と旧交を温める。

renew old friendship
[リニュー オールド フレンドシップ]

急先鋒
きゅうせんぽう

真っ先に立つこと・人。

改革派の急先鋒に立つ。

forefront [フォアフロント]

窮余の一策
きゅうよのいっさく

苦し紛れの手段。追い詰められて、窮余の一策を講じる。

last resort [ラスト リゾート]

侠気
きょうき

弱い者を助けようとする性質。

侠気に富んだ男。

chivalrous [シヴァルラス]

教示
きょうじ

知識や方法などを教え示すこと。

御教示を賜りたい。

teaching [ティーチング]

147

興趣
きょうしゅ

味わい深いおもしろみ。

興趣が尽きない作品。

interest [インタレスト]

共時的
きょうじてき

流れや変化を考慮せず、一定時期の現象・構造をみること。

共時的な研究。

synchronic [スィンクロニック]

器用貧乏
きようびんぼう

何事も一応はうまくできるが特技がなく、かえって成功しないこと。

器用貧乏が災いする。

Jack of all trades and master of none
[ジャック オブ オール トレーズ アンド マスター オブ ナン]

驚天動地
きょうてんどうち

世間を驚かすこと。

驚天動地の大騒動が勃発する。

earthshaking [アースシェーキング]

狭量
きょうりょう

人を受け入れる心が狭いこと。

狭量な人というレッテルを貼られてしまう。

narrow-mindedness
[ナローマインディッドネス]

狂奔
きょうほん

夢中になり走り回る。

参加者集めに狂奔する。

rushing around [ラッシング アラウンド]

議論百出
ぎろんひゃくしゅつ

多くの意見が出る。

様々な人が集まり、議論百出する。

diverse arguments arising in great numbers
[ディヴァース アーギュメンツ アライズィング イン グレート ナンバーズ]

きら星のごとく
きらほしのごとく

優れたものが集まっているさま。

きら星のごとく並んだ傑作群。

as galaxy [アズ ギャラクスィー]

際物
きわもの

ある時季のまぎわ
にだけ売れる品物。

際物を扱う商店。

seasonal articles
[スィーズナル アーティクルズ]

気をのまれる
きをのまれる

心理的に圧倒され
る。

敵の勢いに気をのま
れる。

overwhelmed [オゥヴァーフウェルムド]

金言
きんげん

手本とすべきすぐ
れた言葉。

心に響く金言。

maxim [マクスィム]

いいお言葉…

金字塔
きんじとう

偉大な達成物。

誰にも到達できない
金字塔を打ちたてる。

monumental work [モニュメンタル ワーク]

禁制
きんせい

ある行為を禁じる
こと。

男子禁制の寮。

prohibition [プロヒビション]

食い詰める
くいつめる

借金などのために
生活できなくなる。

職を追われ食い詰め
てしまう。

go broke [ゴー ブローク]

食い扶持
くいぶち

食糧にあてる金銭。

自分の食い扶持ぐら
い自分で稼ぎます。

cost of food [コスト オブ フード]

寓意（ぐうい）

ある意味を直接には表さず、別の物事で表すこと。

寓意が含まれた物語。

allegory [アレゴリー]

空転（くうてん）

物事がむだに進むこと。

議論が空転している。

spin wheels [スピン ホィールズ]

偶発（ぐうはつ）

不意に起こること。

連続して事故が偶発する。

accident [アクスィデント]

クーリングオフ

条件を満たせば、消費者が契約をやめることができる制度。

クーリングオフにより購入を取り消す。

cooling-off [クーリングオフ]

愚挙（ぐきょ）

ばかげた行い。

その行為は愚挙でしかない。

foolish attempt [フーリッシュ アテンプト]

苦言（くげん）

本人のためを思い、注意する言葉。

見るに見かねて苦言を呈する。

candid advice [キャンディッド アドヴァイス]

愚考（ぐこう）

愚かな考え。

無駄な愚考を重ねる。

folly [フォリー]

愚策
ぐさく

おろかな方策。
予測を誤り愚策を弄する。

stupid plan [スチューピッド プラン]

楔
くさび

二つのものを固くつなぎ合わせるもの。
両国の関係の楔となる。

tie [タイ]

苦汁を飲む
くじゅうをのむ

辛い思いをする。
苦汁を飲む思いだ。

have a bitter experience
[ハヴ ア ビター エクスペリエンス]

口添え
くちぞえ

そばから言葉を添えてとりなすこと。
困っている知人のために口添えする。

advice [アドヴァイス]

口の端
くちのは

言葉のはしばし。うわさ。
すぐに人々の口の端に掛かる。

gossip [ゴスィップ]

掘削
くっさく

土砂や岩石を掘り取って穴を開ける。
長いトンネルを掘削する。

digging [ディギング]

屈従
くつじゅう

相手を恐れ、仕方なく言いなりになること。
権力者にひたすら屈従する。

submission [サブミッション]

首をもたげる
くびをもたげる

隠れていた物事や気持ちが表に出てくる。

不安が徐々に首をもたげる。

raise head [レイズ ヘッド]

苦杯をなめる
くはいをなめる

にがい経験をする。

強豪チームに苦杯をなめさせられた。

suffer a bitter defeat
[サファー ア ビター ディフィート]

与する
くみする

仲間に加わる。味方する。

どの党にも与しない。

side with [サイド ウィズ]

愚昧
ぐまい

愚かで物事に暗いこと。

愚昧な人を教え導く。

stupid [スチューピッド]

苦慮
くりょ

苦心して考え悩むこと。

客の対応に苦慮する。

rack brains [ラック ブレインズ]

繰り言
くりごと

同じ事を繰り返して言うこと。

しつこい繰り言を聞かされる。

repetition [レピティション]

玄人はだし
くろうとはだし

素人なのに、本職が恥ずかしくなるほど、技芸や学問などにすぐれていること。

玄人はだしの技術。

outdo professionals
[アウトドゥ プロフェッショナルズ]

車座
くるまざ

大勢で輪になって座る。

車座になって語り合う。

sit in circle [スィット イン サークル]

グローバルスタンダード

世界標準。

グローバルスタンダードの流れを認識する。

global standard [グローバルスタンダード]

群雄割拠

ぐんゆうかっきょ

英雄たちが争う。

群雄割拠の戦国時代。

rivalry between warlords
[ライヴァルリー ビトウィーン ウォーローズ]

訓話

くんわ

教えさとすための話。

和尚さんによる訓話。

exemplum [エグゼンプラム]

慧眼

けいがん

本質を見抜く鋭い眼。

慧眼の士と呼ばれる思想家。

perceptive [パーセプティヴ]

継起

けいき

物事が続いて起きること。

重大な事件が継起する。

succession [サクセション]

携行

けいこう

身につけて持って行くこと。

商売道具を携行する。

carry [キャリー]

渓谷

けいこく

山にはさまれた、川のある所。

渓谷を流れる川。

valley [ヴァリー]

警鐘
けいしょう
危険を知らせること。
社会の混乱に警鐘を鳴らす。

alarm［アラーム］

軽便
けいべん
扱い方が手軽で、便利なこと。
軽便化が進むコンピュータ。

convenient［コンヴィーニエント］

軽佻浮薄
けいちょうふはく
軽くて薄っぺらいさま。
軽佻浮薄な性格。

frivolous［フリヴァラス］

ケータリング
料理を家庭に配達すること。
ケータリングサービスを利用する。

catering［ケータリング］

軽妙洒脱
けいみょうしゃだつ
会話や文章などが、軽やかで洗練されていること。
軽妙洒脱なセリフ。

witty［ウィッティー］

激賞
げきしょう
大いに褒めること。
世間の激賞を浴びる。

high praise［ハイ プレーズ］

激高
げきこう
感情がひどく高ぶること。ひどく怒ること。
激高して罵声を浴びせる。

excited［エクサイティッド］

逆鱗に触れる
げきりんにふれる

目上の人を激しく
怒らせる。

父の逆鱗に触れる。

push buttons［プッシュ バトンズ］

戯作
げさく

戯れに詩や文を作
ること。

戯作を趣味とする。

writing for amusement
［ライティング フォー アミューズメント］

下駄を預ける
げたをあずける

物事の処理などを
相手に任せきるこ
とのたとえ。

作業は部下に下駄を
預けた。

leave to［リーヴ トゥ］

あとは
よろしく

血気にはやる
けっきにはやる

一時の情熱にまか
せて考えなしな行
動をする。

血気にはやった若者
の行動。

driven by youthful ardor
［ドリヴン バイ ユースフル アーダー］

月次
げつじ

毎月。

月次報告を欠かさず
行う。

monthly［マンスリー］

結実
けつじつ

努力した結果とし
て、成果が得られ
ること。

努力が結実して大成
する。

fruition［フルーイション］

傑出
けっしゅつ

多くのものの中で
ずばぬけてすぐれ
ていること。

傑出した作品を世に
出す。

prominence［プロミネンス］

下卑る
げびる

品がなく卑しく見える。

下卑た笑い声を上げる。

coarsen［コーアセン］

外連味
けれんみ

はったりやごまかし。

外連味のない演技。

pretence［プリテンス］

外連もない
けれんもない

ごまかしがない。

彼の態度には何の外連もなかった。

unaffected［アンアフェクティッド］

権益
けんえき

権利と利益。

企業の権益を守る。

interests［インタレスツ］

狷介
けんかい

頑固で他人に心を開こうとしないこと。

狷介な相手に注意する。

obstinate［オブスティネット］

元凶
げんきょう

悪事の中心人物・原因。

諸問題の元凶。

ringleader［リングリーダー］

現況
げんきょう

現在の様子。現状。

景気の現況を分析する。

present condition［プレゼント コンディション］

喧々囂々
けんけんごうごう

大勢の人がやかましく騒ぎたてるさま。

喧々囂々と交わされる議論。

clamorous［クラモラス］

研鑽
けんさん

学問などを深く究めること。

研鑽を積んで知識を深める。

---

self-improvement [セルフインプルーヴメント]

源氏名
げんじな

芸者やホステスなどの呼称。

それは彼女の源氏名に過ぎない。

---

professional name
[プロフェッショナル ネーム]

言説
げんせつ

ものを言うこと。

難しい言説に頭を悩ます。

---

statement [ステイトメント]

現前
げんぜん

目の前にあること。目の前に現れること。

かつてない世界が現前しつつある。

---

appear [アピアー]

○○の件は××でして…

録音してました

言質
げんち

のちの証拠となる言葉。

交渉相手の言質を取る。

---

committed word [コミッティッド ワード]

兼備
けんび

兼ね備えていること。

才能と美を兼備する。

---

have at same time [ハヴ アット セーム タイム]

厳命
げんめい

きびしく命じること。

規則を守るよう厳命する。

---

strict order [ストリクト オーダー]

幻惑
げんわく

人の目をくらまし、心や判断をまどわすこと。

たくみな話術に幻惑される。

dazzle [ダズル]

言明
げんめい

言葉に出して、はっきりと言いきること。

現時点では言明を避けます。

declare [ディクレア]

好一対
こういっつい

好ましい組み合わせ。

好一対のカップル。

good match [グッド マッチ]

梗概
こうがい

物語などのあらすじ。

物語の梗概をまとめる。

outline [アウトライン]

好悪
こうお

好むことと憎むこと。

人に対する好悪の差が極端だ。

likes and dislikes
[ライクス アンド ディスライクス]

傲岸不遜
ごうがんふそん

人を見下げた偉そうな様子。

傲岸不遜な態度の男。

arrogance [アロガンス]

口角泡を飛ばす
こうかくあわをとばす

激しい調子で議論すること。

学生たちは下宿で毎晩口角泡を飛ばし議論にふけった。

debate hotly [ディベート ホットリー]

豪気
ごうき
強く勇ましい気性。
豪気なふるまいが脚光を浴びる。

brave [ブレイヴ]

巧言令色
こうげんれいしょく
心にもない態度で人にこびへつらうこと。
巧言令色で誠意が感じられない。

flattery [フラタリー]

豪奢
ごうしゃ
非常にぜいたくで派手なこと。
豪奢な暮らしに浸る。

luxury [ラグジャリー]

哄笑
こうしょう
大口をあけて笑うこと。
大きな哄笑を上げる。

loud laughter [ラウド ラフター]

交情
こうじょう
親しみの情。
旧友との交情を深める。

friendship [フレンドシップ]

恒常
こうじょう
一定していて変わらないこと。
状態を恒常に保つ。

constancy [コンスタンスィー]

公序良俗
こうじょりょうぞく
社会の秩序と道徳。
公序良俗を乱す行動。

public order and morals
[パブリック オーダー アンド モラルズ]

功成り名を遂げる
こうなりなをとげる

努力をして成功し、有名な人物になること。

功成り名を遂げた後に引退する。

full of honors [フル オブ オナーズ]

後塵を拝する
こうじんをはいする

先を越され遅れてしまうこと。

この分野では後塵を拝している。

outdone [アウトダン]

効能書き
こうのうがき

薬などの効きめを記したもの。

効能書きをよく読む。

statement of virtues
[ステートメント オブ ヴァーチューズ]

硬軟
こうなん

硬さと柔らかさ。硬軟を併せ持った対応。

hard and soft [ハード アンド ソフト]

興亡
こうぼう

おこることとほろびること。

ある古代文明の興亡。

rise and fall [ライズ アンド フォール]

頭を垂れる
こうべをたれる

頭を前に下げる様子。

実るほど頭を垂れる稲穂かな。

hang head [ハング ヘッド]

綱領
こうりょう

要点。政党などの根本方針。

党の綱領をしっかり読む。

outline [アウトライン]

鉱脈
こうみゃく

多くの金属が採れるところ。価値あるもののありか。

思わぬ鉱脈を掘り当てる。

vein [ヴェイン]

行路
こうろ

行く道。

行路の変更を行う。

course［コース］

甲論乙駁
こうろんおつばく

意見が一致しない。

甲論乙駁で論議がまとまらない。

arguments pro and con
［アーギュメンツ プロウ アンド コン］

古希
こき

七十歳。

古希を祝う。

seventy years of age
［セヴンティー イヤーズ オブ エイジ］

故郷へ錦を飾る
こきょうへにしきをかざる

故郷を離れていた者が、立身出世して華やかに帰郷することのたとえ。

出世して故郷へ錦を飾る。

come home in triumph
［カム ホーム イン トライアンフ］

国学
こくがく

日本独自の精神文化を研究した学問。

医師であり、国学者であった本居宣長。

the study of Japanese classical literature
［ザ スタディ オブ ジャパニーズ クラスィカル リテラチャー］

酷薄非道
こくはくひどう

残酷で薄情なこと。

酷薄非道なギャング団。

cruelly outrageous
［クルエリー アウトレージャス］

虚仮威し
こけおどし

見えすいたおどし。

あからさまな虚仮威しを無視する。

bluff［ブラフ］

心得違い
こころえちがい
思い違い。
とんだ心得違いをしてしまった。

misunderstanding
[ミスアンダースタンディング]

急行は止まらないのね…

心の丈
こころのたけ
思うことのすべて。
親友に心の丈を打ち明ける。

everything one feels
[エヴリスィング ワン フイールズ]

心根
こころね
心のあり方。
あの人は実に心根の優しい人だ。

heart [ハート]

固辞
こじ
かたく辞退すること。
部長就任を固辞する。

refuse [リフューズ]

古参
こさん
古くからいる者。
古参の使用人。

old-timer [オールド タイマー]

呼称
こしょう
名をつけて呼ぶこと。
キャラクターの呼称を決める。

name [ネーム]

腰折れ
こしおれ
景気や経済活動が悪化すること。
景気の腰折れ。

collapse [コラプス]

コスモス

秩序。
「コスモス」の反対
語は「カオス〈混沌〉」
です。

cosmos [コスモス]

それは〇〇のことです

悟性
ごせい

物事を判断・理解
する力。知性。
磨き抜かれた悟性。

understanding [アンダスタンディング]

糊塗
こと

あいまいにその場
をごまかすこと。
上辺を糊塗する。

whitewash [ホワイトウォッシュ]

事欠く
ことかく

不足する。
忙しくて、睡眠にも
事欠く。

lack [ラック]

事切れる
こときれる

息が絶える。
病人はすでに事切れ
ていた。

die [ダイ]

事とする
こととする

それのみをする。
反対のみを事とする。

do one thing exclusively
[ドゥ ワン スィング エクスクルースィヴリィ]

寿ぐ
ことほぐ

祝いの言葉を述べ
る。
新年を寿ぐ。

congratulate [コングラチュレイト]

御用達
ごようたし

皇居などに商品を納めること。

宮内庁御用達の品物。

purveyor［パーヴェイアー］

事寄せる
ことよせる

言い訳にする。

多忙に事寄せて会を欠席する。

on pretext［オン プリテクスト］

顧慮
こりょ

気にかけること。

先方の現状を顧慮する余裕がない。

mind［マインド］

堪え性がない
こらえしょうがない

耐える力がない。

堪え性がない子供に教育を施す。

without perseverance
［ウィズアウト パーセヴィアランス］

懇懇
こんこん

親切に繰り返し説明するさま。

無知な人々に懇懇と言って聞かせる。

repeatedly［リピーティッドリー］

古老
ころう

昔のことをよく知っている老人。

村の古老が語り始める。

old man［オールド マン］

根を詰める
こんをつめる

一つの物事を、精神を集中させて続けて行う。

根を詰めて作業をする。

persevere［パーセヴィアー］

懇請
こんせい

心を込めてひたすら頼むこと。

施設の使用許可を懇請する。

entreaty［エントリーティー］

歳月は人を待たず

さいげつはひとをまたず

時は人の都合など構わずに過ぎていくものだ。

Time and tide wait for no one.
時と波は誰も待ってくれない。

在野

さいや

公職に就かないで民間にいること。

在野の人材を起用する。

out of office [アウト オブ オフィス]

裁量

さいりょう

自分の考えで行うこと。

部下の裁量に任せる。

discretion [ディスクレション]

さかしい

かしこい。

なかなかさかしい方法だ。

clever [クレヴァー]

賢しら

さかしら

利口ぶること。

賢しらな顔つきをする。

impertinent [インパーティネント]

素漠

さくばく

心を満たすものがなく、もの寂しく感じるさま。

索漠たる思いに悩む。

dreary [ドレアリー]

差し出口

さしでぐち

よけいな口出し。

しきりに差し出口を
たたく。

impertinent remark
[インパーティネント リマーク]

座礁

ざしょう

船が浅瀬に乗り上
げる。

座礁した客船を救助
に行く。

grounding [グラウンディング]

砂上の楼閣

さじょうのろうかく

実現不可能なこと
のたとえ。

砂上の楼閣とも言え
る突飛な提案。

castle on sand [キャスル オン サンド]

沙汰やみ

さたやみ

命令や計画などが
中止になること。

かねてからの計画が
沙汰やみになる。

given up [ギヴン アップ]

雑感

ざっかん

まとまりのない
種々の感想。

思いつくままに雑感
を述べる。

impressions [インプレッションズ]

差配

さはい

取り仕切ること。

ビジネスの差配をす
る。

management [マネッジメント]

サミット

責任者たちによる
会議。

国際サミットが開催
される。

summit [サミット]

集計は
Aさん

リサーチは
BさんとCさんで
お願いします

A　B　C

散逸
さんいつ

まとまっていたものが、ばらばらになってしまうこと。

資料が散逸する。

dissipation［ディサペイション］

戯れ言
ざれごと

ふざけた言葉。冗談。

ささいな戯れ言に腹を立てる。

nonsense［ナンセンス］

残滓
ざんし

残りかす。

封建制度の残滓。

residue［レズィドゥー］

参画
さんかく

計画の相談に参加すること。

事業計画の作成に参画する。

participate［パーティスィペート］

三すくみ
さんすくみ

三者が互いに牽制し合って、それぞれが自由に動けない状態。

三すくみの状態にある強国。

three-way deadlock
［スリー ウェー デッドロック］

山積
さんせき

たくさんあること。

解決が必要な問題が山積している。

accumulate［アキュミュレート］

三拝九拝
さんぱいきゅうはい

何度も何度も頼むこと。

友人に三拝九拝して同行してもらう。

bow many times［バウ メニー タイムズ］

潮目
しおめ

物事の情勢が大きく変わろうとする時。流れゆく物事が向かう方向。

社会情勢の潮目を読む。

current rip [カレント リップ]

示威
じい

威力や勢いを他に示すこと。

敵国が示威行為に出る。

demonstrate [デモンストレート]

四角四面
しかくしめん

堅苦しい様子。

四角四面な態度を崩さない。

prim [プリム]

自戒
じかい

自分で自分をいましめること。

同じ過ちをせぬよう自戒する。

self-discipline [セルフ ディスィプリン]

しかつめらしい

まじめくさっていて堅苦しい。

しかつめらしい顔をする。

stiff [スティフ]

直談判
じかだんぱん

相手と直接交渉すること。

責任者と直談判する。

direct negotiation
[ダイレクト ネゴシエーション]

時機
じき

物事を行うための機会。

復讐の時機を失う。

opportunity [オポチュニティー]

弛緩
しかん

ゆるむこと。

緊張を解かれて筋肉が弛緩する。

loosen [ルースン]

地獄の沙汰も金次第
じごくのさたもかねしだい

この世は全て金が力を示すというたとえ。

Money talks.
金がものを言う。

四散
しさん
四方に散らばること。

観衆が四散する。

disperse [ディスパース]

仔細
しさい
細かなこと。詳しいこと。

仔細な調査を行う。

detail [ディテール]

時時刻刻
じじこっこく
時の進むさま。

時時刻刻と変わる社会情勢。

from hour to hour [フロム アワー トゥ アワー]

師事
しじ
師とした人に教えを受けること。

日本画の大家に師事する。

study under [スタディ アンダー]

あれも
これも
それも
終わってまーす

早い…

獅子奮迅
ししふんじん
激しい勢いで物事を行うこと。

獅子奮迅の活躍。

furious efforts [フュリアス エフォーツ]

自浄
じじょう

自身の力できれい
になること。

組織の自浄作用にゆ
だね。

self-cleansing [セルフ クレンズィング]

自縄自縛
じじょうじばく

自分が言ったこと
やしたことにより、
不自由になること。

余計なひと言により、
自縄自縛に追い込ま
れた。

caught in own trap
[コート イン オウン トラップ]

自省
じせい

自分の言動を反省
すること。

深い自省を促す。

self-examination [セルフ エグザミネーション]

次善の策
じぜんのさく

最善ではないがま
ずまず良い策。

次善の策を講じる。

precaution [プリコーション]

死蔵
しぞう

活用せず無駄にし
まっておくこと。

大量の書物を死蔵す
る。

hoard [ホード]

ヒールをはけば
丈を直さなくても
なんとかいける?

実存
じつぞん

現実に存在するこ
と。

実存主義という思想。

existence [エクズィステンス]

質実剛健
しつじつごうけん

かざりけがなく、
体も心も強くてた
くましいこと。

質実剛健の人。

simplicity and fortitude
[シンプリスィティー アンド フォーティチュード]

失地回復
しっちかいふく
失われた地位や勢
力などを取り戻す
こと。
次の選挙で失地回復
を目指す。

recovering lost ground
[リカヴァリング ロスト グラウンド]

執刀
しっとう
手術や解剖を行う
こと。
名医による執刀。

operate [オプレート]

失念
しつねん
うっかり忘れるこ
と。
つい約束を失念して
しまった。

forget [フォーゲット]

十把一絡げ
じっぱひとからげ
多くのものを区別
しないでひとまと
めに扱うこと。
何もかも十把一絡げ
にして片付ける。

lump together [ランプ トゥギャザー]

あっ
彼との
待ち合わせ
忘れてた…

シニカル
皮肉な態度をとる
さま。
シニカルな笑みを浮
かべる。

cynical [スィニカル]

思念
しねん
思い考えること。
今後の対策を思念す
る。

thought [ソート]

四の五の
しのごの
つべこべ言うさま。
四の五の言っている
場合ではない。

grumbling [グランブリング]

ジハード

イスラム教徒における聖戦。

ジハードを掲げたテロ。

delicious [デリシャス]

滋味あふれる
じみあふれる

十分な味わいがあるさま。

滋味あふれる旬の魚介類。

delicious [デリシャス]

耳目を集める
じもくをあつめる

人々の注目を集める。

世間の耳目を集める。

attract attention [アトラクト アテンション]

下座
しもざ

目下の者がすわる座席。

応接室の上座と下座。

lower seat [ロウアー スイート]

謝意
しゃい

感謝の気持ち。過ちをわびる気持ち。

丁重に謝意を述べる。

gratitude [グラティチュード]

邪気
じゃき

悪意。

邪気のない笑顔。

maliciousness [マリシャスネス]

射幸心
しゃこうしん

偶然の利益や幸運を望む心。

賭け事は人の射幸心をあおる。

speculative spirit
[スペキュレーティヴ スピリット]

奢侈
しゃし

あまりにぜいたくなこと。

奢侈な生活に浸る。

luxury [ラグジャリー]

172

惹起
じゃっき

ひきおこすこと。

購買意欲を惹起する
宣伝文句。

cause［コーズ］

斜に構える
しゃにかまえる

身構えて、あらた
まった態度をする。

いつも斜に構えた態
度をする。

cynical about［スィニカル アバウト］

遮蔽
しゃへい

他から見えないよ
うにすること。

パラソルで日光を遮
蔽する。

cover［カヴァー］

斜陽
しゃよう

夕日。衰えかかる
こと。

かつての花形産業が
斜陽になる。

declining［ディクライニング］

周章狼狽
しゅうしょうろうばい

あわてふためくこ
と。

問い詰められて周章
狼狽する。

confusion［コンフュージョン］

執心
しゅうしん

ある物事に心を引
かれて、それにこ
だわること。

ひたすら金儲けに執
心する。

attachment［アタッチメント］

十全
じゅうぜん

完全であるさま。
万全。

十全を期して本番に
臨む。

perfection［パーフェクション］

いい
パフォーマンス
するぞ

173

柔よく剛を制す
じゅうよくごうをせいす

弱い者が、かえって強い者を負かすこと。

Soft and fair goes far.
柔軟で正しいものが勝ち残る。

収斂
しゅうれん

一点に集まること。ひきしまって縮むこと。

意見が収斂される。

astringency［アストリンジェンスィー］

粛粛
しゅくしゅく

静かでおごそかなさま。

粛粛と事を進める。

solemnly［ソレムリー］

珠玉
しゅぎょく

真珠と宝石。美しく尊いもの。

珠玉の短編小説集。

jewel［ジュエル］

取捨
しゅしゃ

必要なものを選び取ること。

必要な資料を取捨する。

selection［セレクション］

首肯
しゅこう

うなずくこと。納得すること。

首肯しかねる提案。

convinced［コンヴィンスト］

クーポン使うと
安くなるから
待って
ああ
そう…

守銭奴
しゅせんど

金銭欲が強くけち
な人。

倹約のあまり守銭奴
と呼ばれてしまう。

miser [マイザー]

述懐
じゅっかい

過去への思いを述
べること。

当時の情景を述懐す
る。

recollection [リコレクション]

酒池肉林
しゅちにくりん

豪勢な宴会。

飲み会は酒池肉林と
化した。

sumptuous feast [サンプチュアス フィースト]

出典
しゅってん

故事成語、引用文、
また引用された語
句などの出所であ
る書物。

情報の出典を明らか
にする。

authority [オーソリティー]

術語
じゅつご

学問・技術などの
専門分野で用いら
れる語。

術語だらけの専門書。

term [ターム]

準拠
じゅんきょ

よりどころとして
従うこと。

史実に準拠した大河
小説。

follow [フォロー]

純一
じゅんいつ

まじりけがないこ
と。

純一な精神。

pure [ピュア]

潤色
じゅんしょく

表面をおもしろく飾りたてたりすること。

ささいな出来事に潤色を加える。

embellishment [エンベリシュメント]

殉教
じゅんきょう

信仰のために命を失うこと。

信仰に身を捧げて殉教する。

martyrdom [マータダム]

小異を捨てて大同につく
しょういをすててだいどうにつく

意見の多少の違いは無視して、主な意見に従うこと。

Sink difference for the common good.
皆の支持を集めることのために個を捨てる。

小康
しょうこう

病気や争いが少し治まること。

病気は小康状態にある。

lull [ラル]

昇華
しょうか

物事が一段上の状態に高められること。

作家の努力が昇華され、名作が生まれた。

sublimation [サブリメーション]

上梓
じょうし

書物を出版すること。

初のエッセイ集を上梓する。

publication [パブリケーション]

証左
しょうさ

証拠。

理論の証左を示す。

evidence [エヴィデンス]

情実
じょうじつ

個人的なことがからんで公平にできない関係や状態。

情実にとらわれずに判断する。

personal considerations
[パーソナル コンシダレーションズ]

瀟洒
しょうしゃ

しゃれていてすっきりしているさま。

瀟洒な身なりをした紳士。

elegant [エレガント]

上申
じょうしん

上役などに意見や事情を述べる。

制度の改革案を上申する。

report [リポート]

常態
じょうたい

平常の状態。

危機を脱して常態に復する。

normal condition [ノーマル コンディション]

情動
じょうどう

急で激しく一時的な感情。

一時的な情動に突き動かされる。

emotion [エモーション]

冗漫
じょうまん

表現に締まりがなくてむだが多いこと。

冗漫な説明文にうんざりする。

verbose [ヴァーボス]

称揚
しょうよう

ほめたたえること。

素晴らしい業績を称揚する。

praise [プレーズ]

所業
しょぎょう
行い。
理解できない所業。

act［アクト］

条理
じょうり
物事の筋道。
条理を立てて事に当
たる。

reason［リーズン］

職分
しょくぶん
その職についてい
る者がすべき仕事。
己の職分を把握する。

duty［デューティー］

贖罪
しょくざい
犯した罪をつぐな
うこと。
ボランティア活動に
よって贖罪する。

atonement［アトーンメント］

私のしごとは
よく寝てよく食べて
よくあそぶことですっ！

所作
しょさ
ふるまい。しぐさ。
おおげさな所作が目
につく役者。

gesture［ジェスチャー］

初動
しょどう
最初の行動。
素早い初動捜査が犯
人逮捕の決め手とな
る。

initial motion［イニシャル モーション］

所存
しょぞん
心に思うところ。
考え。
精いっぱいがんばる
所存です。

intention［インテンション］

序破急
じょはきゅう

物事の展開してゆく流れ。

序破急の序が「起」、破が「承・転」、急が「結」にあたる。

tempo［テンポ］

所与
しょよ

他から与えられること。

所与の条件に従う。

given［ギヴン］

爾来
じらい

それ以来。

両国は、爾来友好関係を保っている。

since then［スィンス ゼン］

知らぬ顔の半兵衛
しらぬかおのはんべえ

知っているのに知らないふりをしてとぼけること。

知らぬ顔の半兵衛を決め込む。

pretend ignorance［プリテンド イグノランス］

尻をまくる
しりをまくる

急に態度を変え、けんか腰になる。

大人しかった人が、尻をまくって不満をぶちまける。

turn aggressive［ターン アグレッスィヴ］

深淵
しんえん

奥深く底知れないこと。

魂の深淵にある信仰心。

abyss［アビス］

人海戦術
じんかいせんじゅつ

多人数で物事に対処すること。

人海戦術を使った販売戦略。

human-wave tactics
［ヒューマン ウェーヴ タクティクス］

真贋
しんがん

本物と偽物。
真贋を見分ける目を
持つ。

authenticity［オーセンティスィティー］

震撼
しんかん

震え動かすこと。
世間を震撼させた事
件。

shake［シェーク］

新機軸
しんきじく

新しい計画・工夫。
企業が新機軸を打ち
出す。

innovation［イノヴェーション］

辛気臭い
しんきくさい

思うようにならず、
いらいらするさま。
辛気臭い仕事に嫌気
がさす。

irritating［イリテイティング］

箴言
しんげん

いましめとなる短
い句。
ニーチェの箴言集。

maxim［マキスィム］

シンクロ

同時に起こること。
音と映像がシンクロ
している。

synchronization［スィンクロナイゼーション］

辛酸
しんさん

苦しくつらいこと。
にがい経験。
実社会に出て初めて
辛酸をなめる。

hardship［ハードシップ］

真骨頂
しんこっちょう

本来の姿。本当の
力。
ベテラン選手が真骨
頂を発揮する。

true value［トゥルー ヴァリュー］

中
級

人事不省
じんじふせい
意識不明になる。飲み過ぎて人事不省に陥る。

unconscious [アンコンシャス]

斟酌
しんしゃく
相手の事情などをくみとること。手加減すること。相手への評価に斟酌を加える。

consideration [コンシダレーション]

身上
しんしょう
財産。遊び惚けて身上をつぶす。

fortune [フォーチュン]

この先は…

人跡未踏
じんせきみとう
これまで誰も行っていない。人跡未踏の地を行く。

unexplored [アンエクスプロアード]

新進気鋭
しんしんきえい
新たに登場し、意気込みが強く有望なさま。新進気鋭の評論家。

up-and-coming [アップ アンド カミング]

進退窮まる
しんたいきわまる
どうしようもない状況にある。進退窮まる状態に追い込まれる。

desperate situation
[デスペレット スィチュエーション]

親切ごかし
しんせつごかし
親切らしく見せかけて、自分の利益を図ること。親切ごかしに思える提案。

ulterior motive [アルティアリア モーティヴ]

死んだ子の年を数える
しんだこのとしをかぞえる

今さら言ってもどうにもならないことを悩むこと。

It is no use crying over spilt milk.
こぼれたミルクを嘆いても仕方がない。

神童
しんどう
並外れた才能を見せる子供。

神童と呼ばれた幼少時代。

prodigy [プロディジー]

神通力
じんつうりき
超人的な能力。

神通力を発揮する。

supernatural power
[スーパーナチュラル パワー]

審美
しんび
本当の美しさを見極めること。

審美眼を養う。

aesthetic [エステティック]

あれと
あれを

深謀遠慮
しんぼうえんりょ
深く考え計画する。

深謀遠慮が生んだ好結果。

farsighted plan [ファーサイティッド プラン]

シンメトリー
左右対称であること。

シンメトリーな構図。

symmetry [スィンメトリー]

人面獣心
じんめんじゅうしん

顔は人だが心は獣のように冷酷なこと。

人面獣心の殺人犯。

beast in human form
[ビースト イン ヒューマン フォーム]

陣容
じんよう

組織を構成するメンバー。顔ぶれ。

幹部の陣容を発表する。

line-up [ライン アップ]

粋
すい

すぐれているもの。

日本文化の粋。

refined [リファインド]

酔狂
すいきょう

物好き。

酔狂な行動に出る。

whim [ホイム]

粋を集める
すいをあつめる

最高の水準にあるものを集める。

先進技術の粋を集めた製品開発。

gather the best [ギャザー ザ ベスト]

垂涎の的
すいぜんのまと

何が何でも手に入れたいと思うほど貴重なもの。

あの骨董品は垂涎の的だ。

object of envy [オブジェクト オブ エンヴィー]

崇敬
すうけい

あがめうやまうこと。

その偉人に崇敬の念を抱く。

veneration [ヴェネレーション]

据え膳食わぬは男の恥
すえぜんくわぬはおとこのはじ

女性から言い寄ってくるのを受け入れないのは、男の恥だということ。

It is time to set in when the oven comes to the dough.
かまどの方がパン生地の所へやってきたら、パン生地をかまどに入れてやる時だ

鈴生り
すずなり

果実が、たくさん群がりなっていること。

みかんが鈴生りに実をつけている。

grow in clusters［グロー イン クラスターズ］

すこぶるつき

程度が非常にはなはだしいこと。

すこぶるつきの美人。

notorious［ノトリアス］

捨て値
すてね

損を承知でつける安い値段。

捨て値で売りさばく。

giveaway price［ギヴアウェー プライス］

スタンダード

標準。規準。

スタンダードな型式。

standard［スタンダード］

すべからく

当然。ぜひとも。

学生はすべからく学問を本分とすべきである。

ought to［オート トゥ］

スパン

ある時間の幅。

五年のスパンで事業の進展を考える。

span［スパン］

スペック

（一般的に）コンピュータなどに期待される性能。

高度なスペックのパソコン。

spec [スペック]

スラング

ある社会や階層だけで使われる言葉。俗語。

アメリカ人のスラングが理解できない。

slang [スラング]

寸劇
すんげき

ごく短い簡単な劇。

いくつかの寸劇を上演する。

short play [ショート プレー]

寸評
すんぴょう

ごく短い批評。

審査員たちの寸評。

brief review [ブリーフ レヴュー]

精査
せいさ

細かい部分まで調べること。

事故の原因を精査する。

scrutiny [スクルーティニー]

生彩
せいさい

鮮やかな彩り。生き生きと元気な感じ。

選手たちが生彩に欠けている。

vividness [ヴィヴィッドネス]

成算
せいさん

成功する見込み。

この事業には成算がある。

confidence in success
[コンフィデンス イン サクセス]

清新
せいしん

新鮮でいきいきし
ていること。

清新な表現による描
写。

fresh [フレッシュ]

誠心
せいしん

偽りのない心。

誠心誠意の努力。

sincerity [スィンセリティー]

聖人君子
せいじんくんし

立派な道徳や知識
を身につけた、理
想的な人物。

彼も聖人君子ではな
いのでやむを得ない。

saint [セイント]

精髄
せいずい

物事の本質をなす
最も重要な部分。

水墨画の精髄を究め
る。

essence [エッセンス]

やっぱりいい時計は
違うなぁ

精緻
せいち

細かく正確である
さま。

精緻を極めたステン
ドグラス。

subtle [サトル]

精度
せいど

正確さや精密さの
度合い。

精度の高い機械。

accuracy [アキュラスィー]

成否
せいひ

成功するかしない
か。

結果の成否は問いま
せん。

success or failure
[サクセス オア フェイリャー]

静謐
せいひつ

静かで落ち着いていること。
静謐な時間を共に過ごす。

tranquility [トランキリティー]

ここはもちろんバントで…

コン

セオリー
理論。
セオリー通りの戦法。

theory [セオリー]

清廉潔白
せいれんけっぱく

清らかで正しいこと。
清廉潔白な政治を行う。

upright and clearhanded
[アップライト アンド クリアハンディッド]

寂寞
せきばく

ひっそりとして寂しいさま。
寂寞とした街角。

loneliness [ロンリネス]

昔日
せきじつ

むかし。
昔日の面影が残っている。

old days [オールド デイズ]

セキュリティー
安全。防犯。
万全のセキュリティーシステム。

security [セキュリティ]

赤貧洗うがごとし
せきひんあらうがごとし

貧しくて持ち物が何もないさま。
赤貧洗うがごとき生活。

extreme poverty
[エクストリーム ポヴァティー]

施工
せこう

工事を実施すること。

予定に沿って工事を施工する。

construction [コンストラクション]

寂寥
せきりょう

心が満ち足りず、もの寂しいこと。

寂寥感が漂う家。

loneliness [ロンリネス]

是認
ぜにん

よいと認めること。

発言が是認される。

approval [アプルーヴァル]

世知
せち

世間を生きる知恵。

あの男はかなり世知にたけている。

worldly wisdom [ワールドリー ウィズダム]

セラピー

治療。療法。

独特なセラピーを受ける。

therapy [セラピー]

是非に及ばず
ぜひにおよばず

仕方ない。

その件については是非に及びません。

of necessity [オブ ネセスィティー]

戦禍
せんか

戦争による被害。

激しい戦禍を被る。

war damages [ウォー ダメジェズ]

先鋭化
せんえいか

思想や行動が過激になること。

改革運動が先鋭化する。

radicalization [ラディカライゼーション]

先覚
せんかく

人より先に物事を
悟ること。

先覚者。

there is no way [ゼア イズ ノー ウェイ] → leading spirit [リーディング スピリット]

詮方ない
せんかたない

なすべき方法がな
い。

今さら蒸し返しても
詮方ないことだ。

there is no way [ゼア イズ ノー ウェイ]

漸次
ぜんじ

しだいに。

漸次回復することを
願う。

gradually [グラジュアリー]

これから
プレゼンなのに…
胃の痛み
おさまってくれ…

扇情的
せんじょうてき

感情をあおり立て
る。

扇情的な宣伝文句。

sensational [センセイショナル]

先達
せんだつ

先にその道を開き、
他を導く人。

先達に学ぶべきこと
は多い。

pioneer [パイオニアー]

先途
せんど

勝敗・運命などの
大事な分かれ目。

ここを先途と奮いた
つ。

crisis in battle [クライスィス イン バトル]

扇動
せんどう

気持ちをあおり、
行動を起こさせる
こと。

大衆を扇動する独裁
者。

incitement [インサイトメント]

189

先鞭をつける
せんべんをつける

いち早くそれを行うこと。

新分野の開拓に先鞭をつける。

take the initiative [テーク ザ イニシアティヴ]

今までにないテーマパークだ

草案
そうあん

下書きの文章。

草案をじっくり練る。

draft [ドラフト]

千両役者
せんりょうやくしゃ

人気役者。きわだった活躍をする魅力的な人。

いよいよ千両役者の登場だ。

star [スター]

壮年
そうねん

働き盛りの年ごろ。

壮年期。

prime of life [プライム オブ ライフ]

喪心
そうしん

ぼんやりすること。意識を失うこと。

がっかりして喪心する。

distraction [デストゥラクション]

早晩
そうばん

遅かれ早かれ。

早晩困ることになるだろう。

sooner or later [スーナー オア レーター]

想念
そうねん

心の中に浮かぶ考え。

想念の力。

conception [コンセプション]

造反
ぞうはん

反体制運動。権力を批判すること。青年将校たちの造反。

rebellion [レベリオン]

相貌
そうぼう

顔かたち。風変わりな相貌。

looks [ルックス]

壮麗
そうれい

規模が大きくて美しいこと。壮麗な神殿。

splendor [スプレンダー]

俗化
ぞくか

俗な世間に染まること。世間にもまれて俗化する。

vulgarization [ヴァルガライゼーション]

属性
ぞくせい

ある事物に属する性質・特徴。熱に強いのがこの素材の属性である。

attribute [アトリビュート]

粗製乱造
そせいらんぞう

粗悪な品をむやみにつくること。粗製乱造と非難される。

mass production of inferior goods
[マス プロダクション オブ インフェリアー グッズ]

楚々とした
そそとした

清らかで美しいさま。楚々とした人に心ひかれる。

graceful [グレースフル]

中級

ソムリエ

ワインを選び、サービスをする専門職。

ワインのソムリエの資格を取る。

sommelier [ソムリエ]

卒然
そつぜん

いきなりなさま。

卒然として思い立つ。

sudden [サドン]

存立
そんりつ

存在し成り立つこと。

制度が存立するための前提。

existence [エクズィステンス]

諳んじる
そらんじる

暗記する。

長いセリフを諳んじる。

memorize [メモライズ]

太鼓持ち
たいこもち

おべっかを使う人。

社長の太鼓持ち。

flatterer [フラッタラー]

体言止め
たいげんどめ

語尾を名詞で止める使い方。

「あまりの退屈。」は体言止めによる表現だ。

ending a sentence with a noun
[エンディング ア センテンス ウイズ ア ナウン]

大山鳴動して鼠一匹
たいざんめいどうしてねずみいっぴき

騒ぎだけ大きくて、結果は小さいことのたとえ。

Much ado about nothing.
つまらぬことで大騒ぎ。

大車輪
だいしゃりん
目的を達成するために、一生懸命にやること。

大車輪で仕事に携わる。

all-out effort [オールアウト エフォート]

耐性
たいせい
環境の変化に対して生物が適応する能力。

ウィルスに対する耐性。

tolerance [トレランス]

泰然
たいぜん
落ち着いていて動じないさま。

泰然とした態度を貫く。

calm [カーム]

泰然自若
たいぜんじじゃく
物事に動じない。

泰然自若として騒がず。

imperturbable [インパーターバブル]

大団円
だいだんえん
小説・劇などの終わり。

大河ドラマが大団円を迎える。

finale [フィナリ]

帯同
たいどう
一緒に行くこと。

専門家を帯同して現場に向かう。

take along [テーク アロング]

大道
だいどう
人の行うべき正しい道。

政治の大道を誤る。

the great principle
[ザ グレイト プリンスィプル]

太平楽
たいへいらく
勝手なことを言ってのんきにしていること。

太平楽な暮らしぶりに甘んずる。

happy-go-lucky［ハッピーゴーラッキー］

ダウンサイジング
大きさや規模を小さくすること。

製品のダウンサイジングがすすむ。

downsizing［ダウンサイズィング］

たおやか
姿や動作がしなやかでやさしいさま。

柳がたおやかになびいている。

graceful［グレースフル］

唾棄すべき
だきすべき
非常に軽蔑して嫌うこと。

唾棄すべき言動。

dispicable［ディスピカブル］

多義
たぎ
多くの意味。

多義をはらんだ論理。

ambiguity［アンビギュイティー］

卓抜
たくばつ
他よりはるかにすぐれていること。

卓抜な技術の持ち主。

excellence［エクセレンス］

託宣
たくせん
神仏のお告げ。

天からの御託宣が降りてくる。

oracle［オラクル］

今年も終わった…

多言を費やす
たげんをついやす

ものを多く言う。

多言を費やすばかりで何もしない。

waste words［ウェイスト ワーズ］

多事多難
たじたなん

困難が絶えないこと。

多事多難な一年がようやく終わる。

full of troubles［フル オブ トラブルズ］

多士済々
たしせいせい

優れた人材が多いこと。

多士済々な顔ぶれがそろう。

galaxy of able persons
［ギャラクスィー オブ エーブル パーソンズ］

叩き台
たたきだい

もとになる案。

この案を叩き台にして作品を仕上げる。

draft［ドラフト］

尋ねあぐむ
たずねあぐむ

目的の場所がわからず、どうしたらよいか困る。

目的地を尋ねあぐんで途方に暮れる。

at loss how to reach 〜
［アット ロス ハウトゥ リーチ］

踏鞴を踏む
たたらをふむ

勢い余って止まれずに、数歩前に出てしまうこと。

突然止められて踏鞴を踏む。

totter［トッター］

叩けばほこりが出る
たたけばほこりがでる

どんな人にも欠点や弱点があるものだということ。

私も叩けばほこりが出る身だ。

Every man has his faults.
人は皆それぞれ欠点を持っているものだ。

立ち枯れ
たちがれ

草木が立ったまま枯れること。日照りのために立ち枯れした草木。

才能の目が自分の中で立ち枯れになる。

stand dead [スタンド デッド]

卓見
たっけん

すぐれた意見やものの見方。

非凡な卓見の持ち主。

far-sightedness [ファーサイティッドネス]

茶毘に付す
だびにふす

火葬にする。

遺体が茶毘に付される。

cremate [クリメート]

拿捕
だほ

捕らえること。

隣国の漁船が拿捕される。

capture [キャプチャー]

惰眠をむさぼる
だみんをむさぼる

なすべきことをしないで、いいかげんに暮らしている。

定職にもつかず惰眠をむさぼる。

live in idleness [リヴ イン アイドルネス]

矯めつ眇めつ
ためつすがめつ

じっくり見る。

花瓶を矯めつ眇めつ眺める。

look closely [ルック クロースリー]

たゆたう

ゆらゆらと揺れ動いて定まらない。

桟橋につながれた小舟がたゆたう。

flutter [フラッター]

他律
たりつ

他人の意志・命令などによって行動すること。

他律的な姿勢。

heteronomy [ヘタラナミィー]

196

嘆声
たんせい

嘆いたり感動した時に出す声。

思わず嘆声をもらした。

sigh [サイ]

耽溺
たんでき

一つのことに夢中になってほかをかえりみない。

ギャンブルに耽溺する。

addiction [アディクション]

耽読
たんどく

夢中になって読みふけること。

谷崎潤一郎を耽読する。

absorption in reading
[アプソープション イン リーディング]

耽美
たんび

美を最高の価値として、その世界に酔うこと。

耽美的な恋愛小説。

aesthetics [エステティックス]

断末魔
だんまつま

臨終。臨終の苦しみ。

断末魔の苦しみにのたうつ。

last moments [ラスト モーメンツ]

胆力
たんりょく

物事に簡単に驚いたり恐れたりしない気力。

胆力を鍛え上げる。

courage [カレッジ]

知恵をつける
ちえをつける

人に策を与えること。

兄に知恵をつけられ、弟が悪さをする。

give hint [ギヴ ヒント]

知己
ちき

自分をよく知る人。

この世に二人とない知己を得る。

acquaintance [アクウェインタンス]

衷心
ちゅうしん

心の底。

衷心よりお詫び申し上げます。

innermost heart［イナーモスト ハート］

バランスよく

中庸
ちゅうよう

偏らずほどよいこと。

物事には中庸の精神が大事だ。

moderation［モデレーション］

弔意
ちょうい

死を悼み悲しむ気持ち。

弔意を表し、花を供える。

condolence［コンドレンス］

朝三暮四
ちょうさんぼし

うまい言葉や方法で人をだますこと。

朝三暮四なことばには気をつけよう。

deceive［ディスィーヴ］

鳥瞰
ちょうかん

高所から見下ろすこと。

島の鳥瞰図を広げる。

bird's-eye view［バーズアイ ヴュー］

提灯に釣り鐘
ちょうちんにつりがね

釣り合わないこと。

Can a mouse fall in love with a cat?
ハツカネズミと猫が恋仲になることなんてあるかい？

ちょうちん持ち
ちょうちんもち

ある人の手先となり、その人をほめてまわること。

社長のちょうちん持ち。

flatterer [フラッタラー]

諜報
ちょうほう

敵の状況をひそかに探って知らせること。

諜報機関で働く。

intelligence [インテリジェンス]

跳梁跋扈
ちょうりょうばっこ

悪人がのさばるさま。

詐欺集団が跳梁跋扈する。

rampant [ランパント]

朝令暮改
ちょうれいぼかい

命令や指示がすぐに変わってしまうこと。

朝令暮改がひんぱんなため、混乱してしまう。

inconsistency [インコンスィステンスィー]

直情径行
ちょくじょうけいこう

心のままにふるまう。

彼は直情径行な性格の持ち主だ。

straightforward [ストレートフォワード]

直観
ちょっかん

直接に本質を見抜く。

宇宙の真理を直観する。

intuition [インチュイション]

猪口才
ちょこざい

小生意気なこと。

猪口才なことを言うものではない。

impertinent [インパーティネント]

鎮座

ちんざ

どっかりと場所を
占めていること。

玄関先に鎮座してい
る番犬。

strange occurrence
[ストレンジ オカーレンス]

椿事

ちんじ

思いがけない事件。

前代未聞の椿事が世
間を騒がす。

enshrinement [エンシュラインメント]

沈思黙考

ちんしもっこう

沈黙して深く考え
ること。

沈思黙考が一時間以
上続く。

meditation [メディテーション]

沈潜

ちんせん

物事に深く没頭す
ること。

閉じこもって学問に
沈潜する。

contemplation [コンテンプレーション]

追想

ついそう

過去を思い出して
しのぶこと。

遠い過去の日々を追
想する。

experience vicariously
[エクスペリエンス ヴァイキャリアスリー]

追体験

ついたいけん

人の体験を自分で
再現する。

映画を通じた追体験。

reminiscence [レミニセンス]

追認

ついにん

過去にさかのぼっ
て、事実を認める
こと。

既成事実として追認
される。

confirmation [コンファメイション]

通時的

つうじてき

時間や歴史の流れ
によって、変化を
見ること。

通時的観点に立つ。

diachronic [ダイアクロニック]

通性

つうせい

世間一般や同じ種
類に認められる共
通の性質。

日本人の通性。

common quality [コモン クオリティー]

通底

つうてい

底の部分で共通す
ること。

大都市に通底する問
題。

commonly underlying
[コモンリー アンダーライング]

通念

つうねん

世間一般に共通し
て認められている
考え。

社会通念を念頭に置
く。

common idea [コモン アイディア]

痛罵

つうば

ひどくののしるこ
と。

部下のミスを痛罵す
る。

abuse [アビューズ]

付け届け

つけとどけ

義理による贈りも
の。

盆暮の付け届けを欠
かさない。

gift [ギフト]

礫

つぶて

投げる小石。

向こう岸から礫が飛
んでくる。

throwing stones [スローイング ストーンズ]

つぶしがきく

ある仕事をやめて
も、他の仕事がで
きる能力がある。

つぶしがきく職種。

have marketable skills
[ハヴ マーケタブル スキルズ]

詰め腹を切る

つめばらをきる

とらなくてもよい責任をとらされること。

後輩の失敗で詰め腹を切らされる。

forced to take responsibility
[フォースト トゥ テーク レスポンスィビリティー]

徒然

つれづれ

することがなくて退屈なこと。

読書をして病床の徒然をまぎらわす。

tediousness [ティディアスネス]

つんざく

強い力で引き裂く。

耳をつんざく悲鳴。

pierce [ピアース]

諦観

ていかん

本質をはっきりと見きわめること。

世界の動きを諦観する。

resignation [レズィグネーション]

定見

ていけん

しっかりした一定の意見。

定見のない政治家。

fixed opinion [フィックスト オピニオン]

体裁ぶる

ていさいぶる

世間体だけを考えて行動する。

体裁ぶらない態度を貫く。

give oneself airs [ギヴ ワンセルフ エアーズ]

抵触

ていしょく

法律や規則に反すること。

法に抵触する行い。

conflict [コンフリクト]

諦念

ていねん

悟って迷わない心。また、あきらめの気持ち。

何もかも諦念したような態度。

resignation [レズィグネーション]

ディベート

あるテーマにつき、異なる立場に分かれて行われる討論。

ディベートのテーマが決まる。

debate [ディベート]

定例
ていれい

以前からの定まったやり方。定期的に行うことになっていること。

定例に従って判断を下す。

regular [レギュラー]

適宜
てきぎ

ほどよいこと。必要に応じて適宜指導をする。

appropriate [アプロプリエイト]

敵に塩を送る
てきにしおをおくる

敵の弱みにつけこまず、逆に救うこと。

敵に塩を送る余裕などどこにもない。

show humane treatment to enemy
[ショー ヒューメーン トリートメント トゥ エネミー]

手ずから
てずから

直接自分の手で。

市長が手ずからトロフィーを授与する。

personally [パーソナリー]

手すさび
てすさび

手でする慰み。退屈を紛らすためにする、手先の仕事。

ほんの手すさび程度のピアノ演奏。

diversion [ディヴァージョン]

轍を踏む
てつをふむ

前の人の失敗を繰り返すたとえ。

兄と同じ轍を踏まないようにする。

repeat someone's mistake
[リピート サムワンズ ミステーク]

デフォルメ

対象を変形して表現すること。

人物をデフォルメして描く。

deformation［ディフォーメーション］

手慰み
てなぐさみ

退屈しのぎのあそび。

手慰みに油絵を習う。

diversion［ディヴァージョン］

手練手管
てれんてくだ

人をだます手段。

手練手管の限りを尽くす。

manipulation［マニピュレーション］

デリカテッセン

調理済みの洋食。また、それを売る店。

町一番の人気デリカテッセン店。

delicatessen［デリカテッセン］

典拠
てんきょ

頼りにできる根拠。

論説の典拠を明らかにする。

source［ソース］

天衣無縫
てんいむほう

自然で美しいこと。無邪気なこと。

天衣無縫が売りのタレント。

innocent［イノセント］

転身
てんしん

職業などを変えること。

格闘家に転身する。

change position［チェンジ ポジィション］

転載
てんさい

記事などを他に載せる。

無断でネット上の記事を転載する。

reprinting［リプリンティング］

転石苔を生ぜず
てんせきこけをしょうぜず

活発に動き続けている者は、いつまでも古くならないことのたとえ。

A rolling stone gathers no moss.
転がる石には苔が生えぬ。

天地神明
てんしんめい

天と地のあらゆる神。

天地神明に誓って真実です。

God in heaven [ゴッド イン ヘヴン]

天地無用
てんちむよう

荷物などで、破損の恐れがあるため上と下を逆にしてはいけない、ということ。

「天地無用」のシールを貼る。

right side up [ライト サイド アップ]

天賦
てんぷ

生まれつきの素質。

天賦の才を無駄にする。

inborn [インボーン]

臀部
でんぶ

しりの部分。

落馬して臀部を強打する。

buttocks [バトックス]

伝聞
でんぶん

人から伝え聞くこと。

これは伝聞に過ぎませんが。

hearsay [ヒアセイ]

顛末
てんまつ

事の最初から最後までの事情。

事件の顛末を説明する。

whole story [ホール ストーリー]

当意即妙
とういそくみょう

素早くその場に応じて対応すること。

当意即妙な受け答えをする。

ready wit [レディー ウィット]

〇〇の件 どうなってる？

□□さんに確認中です

当該
とうがい

そのことに当てはまること。

当該事件についての報道。

concerned [コンサーンド]

薹が立つ
とうがたつ

盛り・年ごろを過ぎる。

若手というには薹が立ち過ぎている。

past prime [パスト プライム]

投降
とうこう

降伏。

武器を捨てて投降せざるを得ない。

surrender [サレンダー]

慟哭
どうこく

悲しみのあまり、声をあげて泣くこと。

悲しみのあまり慟哭を禁じ得ない。

wailing [ウェイリング]

同床異夢
どうしょういむ

同じ立場にあっても、考えが異なること。

二社の合併は同床異夢の感が強い。

same bed, different dream
[セイム ベッド ディファレント ドリーム]

当世風
とうせいふう

その時代に流行のスタイルや考え方であること。

当世風な身なりで現れる。

up-to-date [アップ トゥ デート]

206

陶然
とうぜん

酔ってうっとりするさま。

美しい音色に陶然と酔いしれる。

intoxicated［イントクスィケーティッド］

当節
とうせつ

近頃。

当節はやりのファッション。

nowadays［ナウアデイズ］

撞着
どうちゃく

つじつまが合わないこと。矛盾。

話の内容が撞着している。

contradiction［コントラディクション］

透徹
とうてつ

澄みきっていること。

透徹した秋の空を見上げる。

clear［クリア］

疼痛
とうつう

ずきずき痛むこと。うずき。

腰の疼痛に悩む。

pain［ペイン］

逃避行
とうひこう

世間から逃れ、移り歩いたり隠れ住んだりすること。

数年に及ぶ逃避行。

hegira［ヘジャイラ］

当否
とうひ

正しいか正しくないか。

事の当否を問う。

right or wrong［ライト オア ロング］

瞠目
どうもく

目をみはること。

瞠目すべき光景。

gaze [ゲイズ]

道標
どうひょう

方向や距離を示す札。道しるべ。

分かれ道に立てられた道標。

guidepost [ガイドポスト]

投与
とうよ

患者に薬剤を与えること。

新薬を投与する。

administration [アドミニストレーション]

投薬
とうやく

病気や症状に応じて薬を与えること。

患者への投薬を毎朝欠かさず行う。

medication [メディケーション]

逗留
とうりゅう

旅先などにしばらくとどまること。

温泉宿にしばらく逗留する。

sojourn [ソージャーン]

登用
とうよう

人を引き上げて使うこと。

有能な人材を登用する。

appointment [アポイントメント]

棟梁
とうりょう

大工の親方。

棟梁に最終判断を委ねる。

master carpenter [マスター カーペンター]

208

ドキュメント

文書。記録。
ドキュメントの作成
に携わる。

document [ドキュメント]

怒気
どき

怒ったようす。怒
り。
怒気を帯びた口調。

anger [アンガー]

篤実
とくじつ

情が深く誠実なこ
と。
篤実な人柄にひかれ
る。

sincerity [スィンセリティー]

得心
とくしん

心から承知する。
納得。
得心するまで説明を
求める。

convinced [コンヴィンスト]

独断専行
どくだんせんこう

勝手な判断と行動。
独断専行して事業を
進める。

act arbitrarily [アクト アービトラリリー]

毒を食らわば皿まで
どくをくらわばさらまで

どうせここまでやったのなら、最後までやり通そうというたとえ。

In for a penny, in for a pound.
1 ペニーを狙うなら、1 ポンドを狙いなさい。

毒を以って毒を制す

どくをもってどくをせいす

悪を除くために別の悪を利用すること。

---

fight fire with fire
火には火で戦う。

徒手空拳

としゅくうけん

手に何も持っていず、素手であること。

徒手空拳で敵地に乗り込む。

bare hands［ベア ハンズ］

吐しゃ

としゃ

吐くことと腹をくだすこと。

車に酔ってトイレで吐しゃする。

vomiting［ヴォミティング］

訥々

とつとつ

口ごもりながら話すさま。

体験談を訥々と語る。

halting［ホルティング］

賭する

とする

ある目的のために、失うことを覚悟でさし出す。

名誉を賭して立候補する。

risk［リスク］

訥弁

とつべん

なめらかでない下手なしゃべり。

彼は訥弁だが大変に誠実な男だ。

ineloquent［インエロクエント］

210

トピック

話題。

キャスターが冒頭で今日のトピックを挙げる。

topic [トピック]

とば口
とばぐち

入り口。物事の始め。

大会はまだほんのとば口だ。

entrance [エントランス]

トラディショナル

伝統的であるさま。

トラディショナルな舞踊。

traditional [トラディショナル]

ドメスティック

家庭の中で起きているさま。

ドメスティックバイオレンスを告発する。

domestic [ドメスティック]

泥縄
どろなわ

事が起きてから慌てて準備する。

泥縄の対応策。

last minute, eleventh hour
[ラスト ミニット イレヴンス アワー]

取るものも取りあえず
とるものもとりあえず

あわてて行うさま。

取るものも取りあえず出かける。

leaving everything else
[リーヴィング エヴリスィング エルス]

泥を被る
どろをかぶる

不利を覚悟の上で役目を引き受ける。

リーダーが泥を被ってもめ事を収める。

do the dirty work [ドゥ ザ ダーティー ワーク]

泥船
どろぶね

泥の船。すぐだめになりそうな組織や計画。

経営難で会社が泥船と化す。

mud boat [マッド ボート]

問わず語り
とわずがたり

人がたずねないの
に、自分から語り
だすこと。

問わず語りに話しか
けた。

unprompted remark
［アンプロンプティッド リマーク］

泥を塗る
どろをぬる

面目を失わせる。
恥をかかせる。

のれんに泥を塗る。

disgrace ［ディスグレース］

頓死
とんし

急にあっけなく死
ぬこと。

旅先で頓死する。

sudden death ［サドゥン デス］

頓狂
とんきょう

その場にそぐわな
い調子はずれな事
をすること。

頓狂な声を上げる。

freakishness ［フリーキッシュネス］

鈍麻
どんま

感覚がにぶくなる
こと。

寒さで皮膚感覚が鈍
麻する。

torpor ［トーパー］

遁走
とんそう

逃げ去ること。

敵前から遁走するよ
うな行為。

flee ［フリー］

内柔外剛
ないじゅうがいごう

内心は気が弱いが、
外見は強そうに見
えること。

彼はああ見えて内柔
外剛だ。

look tough but soft inside
［ルック タフ バット ソフト インサイド］

よっ！

内憂外患
ないゆうがいかん

内外の心配事。

内憂外患で身動きが
とれない。

---
internal worry and external strife
[インターナル ウォーリー アンド エクスターナル ストライフ]

名うて
なうて

ある方面で有名な
こと。

名うての武闘家。

---
notorious [ノトリアス]

名折れ
なおれ

名をけがすこと。
不名誉。

それは、一家の名折
れになる行為だ。

---
disgrace [ディスグレース]

永らえる
ながらえる

長く生き続ける。

病弱ながら生き永ら
える。

---
live on [リヴ オン]

情けは人のためならず
なさけはひとのためならず

人に情けをかけておけば、いつか自分のためになるということ。

A kindness is never lost.
親切は無駄にならない。

並び称する
ならびしょうする

あるものを他と並
べて、同じように
ほめたたえる。

黒澤明と並び称され
る監督。

---
rank with [ランク ウィズ]

習い性
ならいせい

習慣的な行動。習
性。

早起きが習い性にな
ってしまっている。

---
second nature [セカンド ネーチャー]

難詰
なんきつ

欠点を挙げて非難
すること。

失敗を難詰される。

repremand [リプリマンド]

南船北馬
なんせんほくば

しょっちゅう各地
を旅行すること。

南船北馬の一生にあ
こがれる。

incessant journey [インセサント ジャーニー]

難渋
なんじゅう

物事がすらすらと
運ばないこと。

契約交渉が難渋する。

difficulty [ディフィカルティー]

二義的
にぎてき

根本的でないさま。

二義的な問題として
扱う。

secondary [セカンダリー]

ニアミス

飛行中の航空機ど
うしが、接触の危
険を生じるほど接
近すること。

飛行機同士がニアミ
スを起こす。

near miss [ニア ミス]

担い手
にないて

中心となってある
事を支え、進めて
いく人。

我が家の生計の担い
手。

leader [リーダー]

逃げ口上
にげこうじょう

責任を逃れる言い
訳。

おきまりの逃げ口上。

excuse for retreat
[エクスキューズ フォー リトリート]

如意
にょい

思いのままになる
こと。

万事如意とはなかな
かいかない。

as wished［アズ ウィッシュト］

二律背反
にりつはいはん

二つのことが対立
して両立しないこ
と。

良い商品をより安く
売るという二律背反
の課題。

antinomy［アンティノミー］

忍従
にんじゅう

がまんして従うこ
と。

不利な境遇に忍従す
る。

submission［サブミッション］

寝首をかく
ねくびをかく

卑怯な手段で人を
陥れること。

家臣に寝首をかかれ
る。

shoot in dark［シュート イン ダーク］

根城
ねじろ

行動の根拠とする
場所。

郊外のアパートを根
城に活動する。

base［ベース］

能弁
のうべん

話が巧みなこと。

能弁な人のペースに
乗せられる。

eloquence［エロクエンス］

狼煙を上げる
のろしをあげる

大きな動きのきっ
かけとなる行動を
起こす。

反撃の狼煙を上げる。

light signal fire［ライト スィグナル ファイヤー］

拝金主義
はいきんしゅぎ

金銭を最上のもの
としてあがめるこ
と。

なりふり構わぬ拝金
主義。

mammonism［マモニズム］

輩出
はいしゅつ

すぐれた人物が続いて世に出ること。

多くの人材を輩出してきた名門校。

produce [プロデュース]

背徳
はいとく

道徳にそむくこと。

背徳行為を重ねる男。

immorality [インモラリティー]

背任
はいにん

任務にそむくこと。

幹部の背任行為が発覚する。

breach of trust [ブリーチ オブ トラスト]

ハイパー

行き過ぎた。超越した。

経済がハイパーインフレーションに陥る。

hyper [ハイパー]

背反
はいはん

背くこと。相容れないこと。

上司の命令に背反する。

rebellion [レベリオン]

背理
はいり

理屈に合わないこと。

その論法は背理している。

irrationality [イレーショナリティー]

破顔一笑
はがんいっしょう

にっこりと笑う。

朗報に破顔一笑する。

smile broadly [スマイル ブロードリー]

馬脚を露す
ばきゃくをあらわす

隠していたことが明らかになる。

悪徳経営者が遂に馬脚を露す。

expose［エクスポーズ］

白眉
はくび

多くの中で最も優れた人や物。

ロマン派小説の白眉。

the best［ザ ベスト］

伯楽
はくらく

人の能力を引き出し育てるのがじょうずな人。

野球界の名伯楽と呼ばれたコーチ。

great sachem［グレート セイチャム］

端境期
はざかいき

物事の入れ替わりの時期。

商品の端境期はたいへん忙しくなる。

in-between season
［インビトウィーン スィーズン］

旗揚げ
はたあげ

新しく物事を始めること。

新しい組織が旗揚げする。

raising［レイズィング］

新組織

旗色が悪い
はたいろがわるい

戦いで、状況がよくない。

今日の対戦は旗色が悪い。

odds being against
［オッズ ビーイング アゲンスト］

旗印
はたじるし

行動の目標として掲げる主義・主張。

弱点の強化を旗印にする。

slogan［スローガン］

旗振り（はたふり）

先頭に立って人々に働きかけながら物事を進めること。

大改革の旗振り役。

leader [リーダー]

話し上手の聞き下手（はなしじょうずのききべた）

話がうまい人は、逆に聞くのは下手なものだ。

兄は典型的な話し上手の聞き下手だ。

good talker, but poor listener
[グッド トーカー バット プアー リスナー]

八面六臂（はちめんろっぴ）

何人分もの働き。

八面六臂の大活躍を見せる。

many-sided activities
[メニーサイディッド アクティヴィティーズ]

花冷え（はなびえ）

桜の咲く頃の寒さ。

花冷えがするので風邪には要注意です。

chilly spring weather
[チリー スプリング ウェザー]

鼻っ柱（はなっぱしら）

鼻筋。負けない気持ち。

鼻っ柱が強い性格。

aggressiveness [アグレッスィヴネス]

憚る（はばかる）

遠慮してためらう。

人目を憚って行動する。

hesitate [ヘズィテート]

花も実もある（はなもみもある）

見た目も内容も立派である。

花も実もある人物。

both elegant and useful
[ボース エレガント アンド ユースフル]

パブリック

公衆。大衆。

この道はパブリックな場です。

public [パブリック]

はべる

世話などをするために近くにひかえている。

主人のそばにはべる。

serve [サーヴ]

端役
はやく

映画・演劇などで、重要でない役目。

ドラマの端役で出演する。

minor role [マイナー ロール]

早手回し
はやてまわし

先を予測して、準備をしておくこと。

早手回しに予約を入れる。

beforehand [ビフォーハンド]

パラドックス

逆説。真理にそむいているようにみえて、実は正しい一面を示している表現。

パラドックスに満ちた論理。

paradox [パラドックス]

バリアフリー

障害者などの生活に不便なものを取り除くこと。

万全なバリアフリーの家。

barrier free [バリア フリー]

半壊
はんかい

半分ほど壊れるさま。

地震でビルが半壊した。

partial destruction
[パーシャル ディストラクション]

蛮カラ
ばんから

身なりや言動が荒っぽいこと。

蛮カラな学生が多い大学。

scuffy [スカフィー]

蛮行
ばんこう

野蛮な行為。

凶悪犯の蛮行を止める。

brutality［ブルータリティー］

万感
ばんかん

様々な感じ・思い。

万感胸に迫る思いです。

flood of emotions
［フラッド オブ イモーションズ］

反証
はんしょう

相手の主張がうそであることを証明すること。

明確な反証を挙げる。

counterevidence［カウンターエヴィデンス］

万死に値す
ばんしにあたいす

何度も死ぬべき、という程に罪が重いさま。

この失敗は万死に値します。

deserve death［ディザーヴ デス］

半知半解
はんちはんかい

知識や理解が中途はんぱで役に立たないこと。

半知半解での判断は危険だ。

half knowledge［ハーフ ノレッジ］

汎神論
はんしんろん

全てのものに神が宿っているという宗教・哲学観。

汎神論的な世界観を持つ。

pantheism［パンセイズム］

反駁
はんばく

他人の主張や批判に対して反論すること。

隙のない論理で反駁する。

refutation［レフュテーション］

万難を排する
ばんなんをはいする

あらゆる困難や障害を除いて突き進む。

万難を排した計画を立てる。

at all costs［アット オール コスツ］

中級

繁忙
はんぼう
仕事が多くて忙しいこと。
仕事が繁忙期に入る。

busy [ビズィー]

頒布
はんぷ
品物や資料などを、広く配ること。
出席者に資料を頒布する。

distribution [ディストリビューション]

煩悶
はんもん
いろいろ悩み苦しむこと。
一晩中ひとりで煩悶する。

agony [アゴニー]

資料は行きとどきましたか？

万雷の拍手
ばんらいのはくしゅ
大きな拍手。
万雷の拍手に応える。

thunderous applause
[サンダラス アプローズ]

汎用
はんよう
広く多くの方面に使うこと。
汎用性のあるソフト。

general-purpose [ジェネラルパーポス]

範を垂れる
はんをたれる
みずから手本を示す。
部下の前に範を垂れる。

give example [ギヴ エクザンプル]

凡例
はんれい
書物の初めに、使い方などを箇条書きにまとめて記した部分。
まずは、ざっと凡例を読む。

explanatory notes
[エクスプラナトリー ノーツ]

221

ピーター・パン・シンドローム

大人になることを拒む傾向のある男性の症候群。

ピーター・パン・シンドロームが社会問題化する。

Peter Pan syndrome
[ピーター パン スィンドローム

ヒエラルキー

ピラミッド型の身分の構造。

組織のヒエラルキーの底辺。

hierarchy [ヒエラルキー]

日暮れて道遠し
ひくれてみちとおし

年をとってしまったのに、まだ目的が達成できていないこと。

The day is short,and the work is much.
一日は短いが仕事はたっぷりある。

卑小
ひしょう

たいしたものではないこと。

卑小な存在として相手を見下す。

pettiness [ペティネス]

比肩
ひけん

同じ程度になること。

大国に比肩する軍事力。

equal [イークオル]

皮相
ひそう

うわべだけを見て判断し、本質に至らないこと。

皮相な理解では不十分です。

surface [サーフェス]

左団扇
ひだりうちわ

楽な生活を送ること。

左団扇の生活を送る。

ease and comfort
[イーズ アンド コンフォート]

媚態
びたい

人にこびへつらった態度。

相手の媚態に惑わされる。

coquetry [コケトリー]

必定
ひつじょう

必ずそうなること。

戦力を上げないと低迷は必定だ。

inevitability [インエヴィタビリティー]

左前
ひだりまえ

経済的に苦しくなること。

商売が左前になる。

badly off [バッドリー オフ]

ひとくさり

ある話題について一通り話すこと。

文句をひとくさり述べる。

passage [パセッジ]

秘匿
ひとく

秘密にして隠しておくこと。

重要な情報を秘匿する。

concealment [コンスィールメント]

雛形
ひながた

実物をかたどって小さく作った模型。

新製品の雛形を作る。

model [モデル]

人擦れ
ひとずれ

人にもまれ世間になれている。

まだ人擦れしていない少年。

worldly-wise [ワールドリーワイズ]

微に入り細を穿つ

びにいりさいをうがつ

かなり細かい点まで気を配る。

微に入り細を穿った説明。

go into the minutest details
[ゴー イントゥ ザ マイニューティスト ディテールズ]

ひねもす

朝から晩まで続くさま。

ひねもす外出しています。

all day [オール デイ]

ビビッド

生き生きとしているさま。鮮やかなさま。

ビビッドな描写に満ちた漫画。

vivid [ヴィヴィッド]

備忘録

びぼうろく

忘れないための記録。

整理するための備忘録を作成する。

memorandum [メモランダム]

忘れないうちに…

飛沫

ひまつ

しぶき。

飛沫による感染をマスクが防ぐ。

splash [スプラッシュ]

百花繚乱

ひゃっかりょうらん

花が咲き乱れること。物事がいっぺんに多く現れること。

今は、アイドルたちが百花繚乱だ。

bright with many flowers
[ブライト ウィズ メニー フラワーズ]

百出

ひゃくしゅつ

種々のものが次々に多く現れること。

予期せぬ問題が百出する。

arise in great numbers
[アライズ イン グレート ナンバーズ]

224

冷や飯を食う
ひやめしをくう

冷たい扱いを受ける。

長期間、冷や飯を食わされる。

treated coldly [トリーティッド コールドリー]

百鬼夜行
ひゃっきやこう

得体の知れない
人々が奇怪な行い
をすること。

百鬼夜行の闇社会。

pandemonium [パンデモニアム]

表意
ひょうい

意味を表すこと。

文字の表意性を研究する。

express [イクスプレス]

謬見
びゅうけん

間違った意見や考え。

謬見だらけで参考にならない話。

fallacy [ファラスィー]

表出
ひょうしゅつ

心の中にあるものが外にあらわれでること。

秘めていた気持ちを表出する。

expression [エクスプレション]

表音
ひょうおん

言葉の音（おん）を表すこと。

表音文字。

phonetic representation
[フォネティック レプリゼンテイション]

剽窃
ひょうせつ

他人の文章などを盗み使うこと。

他人のデザインを剽窃する。

plagiarism [プレージャリズム]

表象
ひょうしょう

象徴。シンボル。

鳩は平和の表象だ。

symbol [スィンボル]

標榜
ひょうぼう

主義や主張をはっきりと示すこと。

民主主義を標榜する。

advocacy [アドヴォキャスィー]

兵糧攻め
ひょうろうぜめ

敵の食糧を断ち切って打ち負かす攻め方。

弱った敵を兵糧攻めにする。

starvation tactics
[スターヴェーション タクティックス]

糜爛
びらん

ただれること。

欲にまみれて糜爛した街。

erosion [エロージョン]

尾籠
びろう

汚いこと。不潔なこと。

尾籠な話で恐縮ですが。

indecency [インディーセンスィー]

フィードバック

感想や反応を相手に返すこと。

利用者の声をメーカーにフィードバックする。

feedback [フィードバック]

ファシズム

極端な愛国・独裁主義。

ナチスによるファシズム。

fascism [ファスィズム]

風雲急を告げる
ふううんきゅうをつげる

今にも大きな変動が起きそうな情勢である。

風雲急を告げる政権交代の動き。

have become critical
[ハヴ ビカム クリティカル]

風雅
ふうが
高尚であること。

風雅な街並み。

elegance［エレガンス］

風紀紊乱
ふうきびんらん
世の中や男女の仲がだらしなく乱れていること。

最近、風紀紊乱が激しい。

disorderly［ディスオーダリー］

風物詩
ふうぶつし
その季節の感じをよく表しているもの。

季節の風物詩を楽しむ。

seasonal tradition
［スィーズナル トラディション］

風聞
ふうぶん
うわさとしてそれとなく耳にすること。

聞き捨てならない風聞。

rumor［ルーマー］

不易
ふえき
いつまでも変わらないこと。

不易な教え。

immutable［イミュータブル］

不穏当
ふおんとう
おだやかでないこと。

不穏当な発言を慎む。

improper［インプロパー］

付加価値
ふかかち
商品やサービスなどに付け加えられた、他にはない価値。

付加価値が付いた商品。

added value［アッディッド ヴァリュー］

不可侵
ふかしん
侵入を許さない。

両国が不可侵条約を結ぶ。

inviolability［インヴァイオラビリティー］

227

不可分
ふかぶん
分けられないこと。
不可分な関係にある
二者。

indivisibility [インディヴィズィビリティー]

不羈
ふき
束縛されず自由気
ままであること。
独立不羈の姿勢。

freedom [フリーダム]

腹蔵ない
ふくぞうない
心の中に隠さない。
腹蔵ない意見を述べ
る。

unreserved [アンリザーヴド]

不倶戴天
ふぐたいてん
深くうらむこと。
不倶戴天の敵と相対
する。

irreconcilable [イリコンスィラブル]

含む所がある
ふくむところがある
心の中に恨みや怒
りをひそかにいだ
いている。
何か含む所があるよ
うな物言い。

harbor ill feeling [ハーバー イル フィーリング]

符号
ふごう
しるし。記号。
符号で伝達し合う。

sign [サイン]

附合
ふごう
くっつけること。
複数からなる附合物。

accession [アセッション]

武士の情け
ぶしのなさけ
強い者が弱い者を
あわれんで思いや
ること。
武士の情けで見逃し
てやる。

Samurai's compassion
[サムライズ コンパッション]

不肖（ふしょう）

愚かなこと。

不肖の息子。

incapable［インケーパブル］

不承不承（ふしょうぶしょう）

いやいやながら、仕方なくする様子。

気が重い役割だが、不承不承引き受けた。

reluctantly［リラクタントリー］

不条理（ふじょうり）

筋道が立たないこと。

不条理な要求に悩む。

absurd［アブザード］

不世出（ふせいしゅつ）

めったに世に現れないほどすぐれていること。

黒澤明は、日本が誇る不世出の映画監督だ。

rarely born［レアリィ ボーン］

不即不離（ふそくふり）

くっつきすぎず、離れすぎずなようす。

私たちは不即不離の関係にある。

neutral［ニュートラル］

不遜（ふそん）

ふるまいが無礼なさま。

不遜な態度が不評を買う。

arrogance［アロガンス］

不退転（ふたいてん）

かたく決心してくじけない。

不退転の決意を表明する。

unflagging resolve
［アンフラッギング リゾルヴ］

不撓不屈

ふとうふくつ

困難にくじけない。

不撓不屈の精神で臨む。

indomitable [インドミタブル]

付与

ふよ

さずけ与えること。

有給休暇を付与する。

grant [グラント]

フランク

気どったところがないさま。

フランクな態度で対応する。

frank [フランク]

ふりの客

ふりのきゃく

紹介や予約なしで来店する客。

ふりのお客さんは、お断りしています。

walk-in [ウォークイン]

ブルジョワジー

中産階級。資本家階級。

ブルジョワジーの生活を満喫する。

bourgeoisie [ブルジョワジー]

プレ〜

「〜以前の」「〜前の」などの意味を表す。

プレオリンピック。

pre [プレ]

無礼講

ぶれいこう

上下関係抜きに楽しむ宴会。

さあ、今夜は無礼講だ。

loosen up [ルースン アップ]

プロット

小説・演劇・映画などのあらすじ。

小説のプロットを考える。

plot [プロット]

プロセス

過程。

作業のプロセスを説明する。

process [プロセス]

不惑 ふわく

考え方などに迷いのないこと。四十歳のこと。

不惑を迎えて心を引き締める。

age forty [エージ フォーティー]

プロローグ

小説や演劇などの前置きの短い部分。

⇕エピローグ

プロローグから小説に引き込まれる。

prologue [プロローグ]

噴飯もの ふんぱんもの

もの笑いのたねになるような、みっともない事。

噴飯ものの自己弁護。

absurd [アブザード]

粉骨砕身 ふんこつさいしん

最大限努力する。

社会のため粉骨砕身する。

do best [ドゥ ベスト]

睥睨 へいげい

にらみつけて勢いを示すこと。

聴衆たちを睥睨する。

glare [グレア]

分別ざかり ふんべつざかり

経験を積んで世の中がよくわかっている年ごろ。

分別ざかりな人。

maturity of judgment
[マチュリティー オブ ジャッジメント]

ペシミズム

物事を悲観的にみる傾向。

ペシミズムが漂う詩。

pessimism［ペスィミズム］

弁が立つ
べんがたつ

話し方がうまい。

弁が立つ政治家。

eloquent［エロクエント］

片言隻語
へんげんせきご

ちょっとした一言。

片言隻語も漏らさず記憶する。

a few words［ア フュー ワーズ］

偏在
へんざい

あるところにだけかたよって存在すること。

都市に偏在する問題。

maldistribution［マルディストリビューション］

偏執
へんしゅう

かたよった考えを頑固に守ること。

自分の主張にあくまでも偏執する。

obstinacy［オブスティナスィー］

鞭撻
べんたつ

むちうつこと。強く励ますこと。

御指導御鞭撻のほどお願い申しあげます。

encouragement［エンカレッジメント］

変転
へんてん

状況が移り、変化してゆくこと。

激しく変転する社会。

change［チェンジ］

遍歴
へんれき

諸国を巡ること。
様々な経験をする
こと。

諸国への遍歴を重ね
る。

tour［トゥアー］

判官贔屓
ほうがんびいき

弱い者を応援する
こと。

判官贔屓で最下位チ
ームを応援する。

side with the underdog
［サイド ウィズ ズィ アンダードッグ］

傍系
ぼうけい

主流からはずれた
存在。

傍系の販売会社。

subsidiary［サブスィディアリィ］

彷徨
ほうこう

あてもなく歩き回
ること。

夜の街を彷徨する。

wander［ワンダー］

放縦
ほうじゅう

勝手気ままでだら
しがないさま。

放縦な生涯を送る。

self-indulgence［セルフインダルジェンス］

幇助
ほうじょ

加勢すること。犯
罪の手助けをする
こと。

自殺幇助の罪を問わ
れる。

assistance［アスィスタンス］

放逐
ほうちく

その場や組織から
追い払うこと。

とばくで球界を放逐
される。

banishment［バニシュメント］

放擲
ほうてき

投げ出すこと。

責任を放擲する。

abandonment［アバンダンメント］

233

棒ほど願って針ほど叶う
ぼうほどねがってはりほどかなう

望みは大きくても、実際はわずかしか叶わないものだということ。

ask much to have a little
多くを要求しても少ししか得られない。

傍流
ぼうりゅう
主流からはずれた
流派や系統。
生涯、傍流を歩く。

branch [ブランチ]

朴訥
ぼくとつ
飾らず口数が少な
いさま。
朴訥な人柄。

simple [スィンプル]

矛を交える
ほこをまじえる
戦う。
両者は矛を交えるこ
ととなった。

cross swords [クロース ソーズ]

孫
おじいちゃん

臍を固める
ほぞをかためる
覚悟を決める。
臍を固めて本番に臨
む。

determine [ディターミン]

没交渉
ぼっこうしょう
交渉がないこと。
無関係であること。
世間とは没交渉な生
活。

independent [インディペンデント]

中級

翻案
ほんあん

すでにある内容を生かして作りかえること。アレンジ。時代を現代に置き替えて翻案する。

adaptation [アダプテーション]

発心
ほっしん

思い立つこと。発心して準備を始める。

resolve [リザルヴ]

本懐を遂げる
ほんかいをとげる

目的を果たすということ。男としての本懐を遂げる。

attain long-cherished ambition
[アテイン ロング チェリッシュト アンビション]

翻意
ほんい

決意を変えること。思いがけない人物が翻意する。

change mind [チェンジ マインド]

凡俗
ぼんぞく

平凡であること。凡俗な発想が多い。

mediocrity [ミディオクリティー]

本旨
ほんし

本来の目的。この集いの本旨に反する発言。

principal [プリンスィパル]

マージン

手数料。高額なマージンを取る。

margin [マージン]

凡百
ぼんぴゃく

色々。様々。凡百の職人をしのぐ技術。

many [メニー]

益荒男
ますらお

強くて立派な男性。
まさに益荒男の風格。

manly man ［マンリー マン］

禍々しい
まがまがしい

悪いことが起こり
そうである。
禍々しいうわさが絶
えない家。

ominous ［オミナス］

待てば海路の日和あり
まてばかいろのひよりあり

あわてずに待っていれば、いずれ幸運がまいこんでくるということ。

Everything comes to him who waits.
待つ者にはどんなことでも叶えられる。

随に
まにまに

なりゆきにまかせ
ている様子。
波の随に漂う小舟。

at mercy of ［アット マースィー オブ］

まなじりを決する
まなじりをけっする

目を大きく見開く。
怒ったり、決意し
たりするさま。
まなじりを決して立
ち向かう。

open eyes widely
［オープン アイズ ワイドリー］

真綿で首を締める
まわたでくびをしめる

遠まわしにじわじ
わと責めたりする
ことのたとえ。
真綿で首を締めるよ
うないじめ。

drag out ［ドラッグ アウト］

丸腰
まるごし

武器を何も持って
いない状態。
丸腰で敵に立ちむか
う。

unarmed ［アンアームド］

236

水は低きに流れる
みずはひくきにながれる

ごく自然にそうなることのたとえ。

Water seeks its own level
水は、それに合った高さを求める。

未曾有
みぞう

今までに一度もなかったこと。

戦後、日本は未曾有の混乱にみまわれた。

unprecedented [アンプレセデンティッド]

水を向ける
みずをむける

相手の関心を自分に向けること。

それとなく相手に水を向ける。

arouse interest [アラウズ インタレスト]

味噌をつける
みそをつける

失敗して評判を落とす。

肝心なところで失敗し、味噌をつける。

make mess [メーク メス]

妙味
みょうみ

おもしろみ。

小説の独特な妙味を楽しむ。

charm [チャーム]

見目麗しい
みめうるわしい

顔かたちが美しい。

見目麗しい婦人。

beautiful [ビューティフル]

237

民俗
みんぞく
古くからの習慣や
風俗。
民俗芸能。

folk customs [フォーク カスタムズ]

民意
みんい
国民の意見。
民意が反映されてい
ない政治。

public opinion [パブリック オピニオン]

無為徒食
むいとしょく
働かないで遊び暮
らすこと。
無為徒食な日々を送
る。

idle time away [アイドル タイム アウェー]

無為自然
むいしぜん
作られたところが
なく、自然のまま
であること。
無為自然な生き方。

natural [ナチュラル]

無作為
むさくい
偶然に任せること。
無作為に候補を選び
出す。

random [ランダム]

無為無策
むいむさく
よい方法がない。
無為無策のまま何も
しない。

can do nothing [キャン ドゥ ナスィング]

息子の
お見合い相手は…

無心する
むしんする
人に金や物をねだ
ること。
知人に金を無心する。

ask for money [アスク フォー マニー]

238

胸突き八丁
むなつきはっちょう

最も苦しい時や場面。

プロジェクトは胸突き八丁にさしかかる。

most trying spot [モスト トライング スポット]

無知蒙昧
むちもうまい

知恵がなく愚かなこと。

無知蒙昧な人々を啓蒙する。

unenlightened [アンエンライトゥンド]

無病息災
むびょうそくさい

病気をしないで健康であること。

今年も皆、無病息災であることを願う。

sound health [サウンド ヘルス]

胸にたたむ
むねにたたむ

心の中にしまっておく。

悔しい思いを胸にたたむ。

bear in mind [ベア イン マインド]

冥土の土産
めいどのみやげ

死んであの世に持っていくもの。

この勝利を冥土の土産にする。

good memory [グッド メモリー]

命題
めいだい

解決しなければならない問題。

新たな命題を提示される。

proposition [プロポズィション]

迷妄
めいもう

事実でないことを事実だと思い込むこと。

ある集団が全員同じ迷妄に陥る。

delusion [ディルージョン]

希求
ききゅう

強く願い求めること。

世界平和を希求する心。

long [ロング]

メカニズム

仕組み。

脳のメカニズムを研究する。

mechanism［メカニズム］

眼鏡にかなう
めがねにかなう

目上の人に認められること。

社長の眼鏡にかなった人材。

win favor［ウィン フェーヴァー］

メタ〜

「超越した」「高い次元の」の意味を表す。

メタ言語。

meta［メタ］

よろしくたのむよ

はい

免許皆伝
めんきょかいでん

師匠が弟子に技を残らず授けること。

ようやくこの道での免許皆伝を許された。

full mastership［フル マスターシップ］

免罪符
めんざいふ

罪や責めをまぬがれるためのもの。

経験不足を免罪符にする。

indulgence［インダルジェンス］

面相
めんそう

顔つき。

百面相を持った怪人。

features［フィーチャーズ］

メンテナンス

維持。管理。

メンテナンスがしっかりしたビル。

maintenance［メンテナンス］

面罵
めんば
面と向かってののしること。

みんなの前で面罵される。

abuse［アビューズ］

申し送る
もうしおくる
相手に伝えること。

メールで注意点を申し送る。

pass message［パス メッセッジ］

妄執
もうしゅう
心の迷いから生まれる強い執念。

妄執にとらわれて抜け出せなくなる。

deep-rooted delusion
［ディープ ルーティッド ディルージョン］

蒙昧
もうまい
知識が不十分で物事に暗いこと。

無知蒙昧な大衆。

ignorance［イグノランス］

猛者
もさ
力や技が優れた強い人。

全国の猛者が集結する。

stalwart［ストルワート］

モチーフ
文学・美術などで、創作の動機となった主な思想や題材。

日本を象徴するモチーフ。

motif［モチーフ］

持って回った
もってまわった
必要以上に遠回しな。

持って回った言い方はやめてください。

indirect［インダイレクト］

悖る
もとる
人としての道に反する。

人の道に悖る行為。

go against［ゴー アゲインスト］

241

モニター

モニターを募集する。

監視すること・人。

monitor [モニター]

物入り
ものいり

年末は物入りだ。

出費が増えること。

heavy expenses [ヘヴィー エクスペンスィズ]

モノトーン

モノトーンな調子の散文。

単調であること。

monotone [モノトーン]

物見遊山
ものみゆさん

地方へ物見遊山に出かける。

見物して回る。

go on pleasant jaunt
[ゴー オン プレザント ジョーント]

モノローグ

劇中に長いモノローグがある。

独り言のせりふ。

monologue [モノローグ]

諸刃の剣
もろはのつるぎ

この薬での治療は諸刃の剣となるだろう。

一方では役に立つが、逆に害を与える危険もあるもの。

double-edged sword
[ダブルエッジド ソード]

門外不出
もんがいふしゅつ

門外不出のレシピ。

大事にしまって持っていること。

never off premises
[ネヴァー オフ プレミスィズ]

もんどりを打つ

もんどりをうつ

もんどりを打って倒れる。

宙返りをする。

turn somersault [ターン サマーソルト]

焼きが回る

やきがまわる

年をとるなどして衰えてにぶくなる。

こんな事ができないとは、焼きが回ったものだ。

go downhill [ゴー ダウンヒル]

役不足

やくぶそく

その人の力に対し、与えられた役目が軽すぎること。

彼にとって副会長は役不足だ。

worthy of better role
[ワースィー オブ ベター ロール]

役得

やくとく

その役目についているので得られる特別な利益。

この仕事は役得が多い。

side benefit [サイド ベネフィット]

焼けぼっくいに火が付く

やけぼっくいにひがつく

関係があった者同士は、縁が切れても
元の関係に戻りやすいというたとえ。

Wood half-burned is easily kindled.
消え残っている木はすぐに燃える。

安普請

やすぶしん

金をかけず家を建てること。

安普請のアパート。

cheaply built [チープリー ビルト]

易きにつく

やすきにつく

簡単なほうを選ぶ。

易きについてばかりでは成長できない。

take easy way out
[テーク イーズィー ウェイ アウト]

野卑
やひ

下品でいやしいこと。

野卑な態度をたしなめられる。

vulgar［ヴァルガー］

痩せさらばえる
やせさらばえる

ひどくやせて衰える。

痩せさらばえた猫にミルクをやる。

emaciated［エメースィエイティッド］

遣らずもがな
やらずもがな

やらなくてよい。

失策で遣らずもがなの得点を与えてしまう。

needn't be done［ニードント ビー ダン］

藪睨み
やぶにらみ

見当はずれなこと。

藪睨みの批評。

misguided［ミスガイディッド］

唯美主義
ゆいびしゅぎ

美を最高のものとする世界観・人生観。

唯美主義が強くあらわれた文学。

estheticism［エスセティスィズム］

唯我独尊
ゆいがどくそん

自分だけ優れているとうぬぼれること。

唯我独尊に徹したリーダー。

self-conceit［セルフコンスィート］

有機的
ゆうきてき

多くの部分が強い関係でつながっているさま。

有機的につながった関係。

organic［オーガニック］

有閑
ゆうかん

財産も暇もあること。

有閑階級の婦人たち。

leisured［リージャード］

悠久
ゆうきゅう

はるか昔からずっと長く続くこと。

悠久の大自然に思いをはせる。

eternity［エターニティー］

遊興
ゆうきょう

楽しく遊ぶこと。

連日連夜、遊興にふける。

amusement［アミューズメント］

幽玄
ゆうげん

奥が深く味わいが尽きないこと。

水墨画が表す幽玄の世界。

subtle and profound
［サトル アンド プロファウンド］

勇退
ゆうたい

次の人に道を譲るため、自分から退くこと。

長年活躍したベテランが勇退する。

voluntary retirement
［ヴォランタリー リタイアメント］

おっかれさまでした

ありがとう

ユーティリティ

役に立つこと。

ユーティリティプレーヤー。

utility［ユーティリティ］

ゆめゆめ

少しも。

ゆめゆめ考えもしないことが現実化した。

absolutely［アブソルートリー］

揺籃
ようらん

何かが発展する最初の時期や場所。

揺籃期にある文明。

infancy［インファンスィー］

擁立
ようりつ

支持して高い地位につかせようとすること。

彼を市長候補に擁立する。

back［バック］

世が世なら
よがよなら

その人に合った時代だったならば。

世が世ならこんな仕事についていなかった。

time being better［タイム ビーイング ベター］

横紙破り
よこがみやぶり

自分の意見を無理に押し通すこと。

祖父は横紙破りな人物だ。

act illogically［アクト イロジカリー］

よしんば

たとえそうであったとしても。

よしんば事実だとしても彼は信用できない。

even if［イヴン イフ］

縁
よすが

たよりにするところ。手がかり。

彼女からの葉書を思い出の縁とする。

clue［クルー］

余勢を駆る
よせいをかる

勢いに乗る。

成功の余勢を駆って海外に進出する。

gain force［ゲイン フォース］

呼び水
よびみず

きっかけとなること。

不用意な一言が騒動の呼び水となる。

trigger［トリガー］

246

寄らば大樹の陰
よらばたいじゅのかげ

力のある人につく方が得だということ。

Better be the tail of a horse than the head of an ass.
ろばの頭よりは馬のしっぽの方がましだ。

来歴
らいれき

物事のそれまで経てきた道。

外国人選手の来歴を調べる。

history［ヒストリー］

寄る辺ない
よるべない

身を寄せるあてがない。

寄る辺ない身の上を嘆く。

no place to go［ノー プレース トゥ ゴー］

埒もない
らちもない

たわいない。

埒もない話が続く。

incoherent［インコウヒアラント］

埒外
らちがい

範囲の外。

それは私の関心の埒外だ。

out of bounds［アウト オブ バウンズ］

乱獲
らんかく

生き物をむやみにとること。

乱獲によって絶滅した動物たち。

overhunting［オーヴァーハンティング］

辣腕
らつわん

非常に能力がある。

有能な部員が辣腕を振るう。

shrewdness［シュルードネス］

247

利害得失
りがいとくしつ

利益と損。

目先の利害得失にとらわれる。

gains and losses [ゲインズ アンド ロスィズ]

爛熟
らんじゅく

くだものなどが熟し過ぎること。

爛熟したメロン。

overripe [オーヴァーライプ]

リコール

問題のある製品を回収し、無料で修理すること。

欠陥自動車のリコール。

recall [リコール]

利器
りき

便利な発明品。

パソコンは文明の利器だ。

convenience [コンヴィニエンス]

律する
りっする

ある基準に照らして判断や処理をすること。

自分の言動を律する。

regulate [レギュレート]

理詰め
りづめ

理屈ばかりで進めること。

理詰めでは納得しない相手。

theoretical [セオリティカル]

慄然
りつぜん

恐れおののくさま。

幽霊の出現に慄然とする。

horrified [ホリファイド]

流離
りゅうり

異国に流離する。

あてもなくさまよ
うこと。

wandering ［ワンダリング］

了見
りょうけん

悪い了見を起こして
はいけない。

考え。

idea ［アイディア］

領袖
りょうしゅう

各党の領袖が一同に
会する。

集団のトップとな
る人。

leader ［リーダー］

両天秤
りょうてんびん

好条件の二者を両天
秤にかける。

二股をかけること。

sit on two stools
［スィット オン トゥ ストゥールズ］

この決定で良かったの？

良否
りょうひ

この決断の良否を考
える。

よいことと、よく
ないこと。

good or bad ［グッド オア バッド］

累計
るいけい

獲得投票数を累計す
る。

加えていって合計
をだすこと。

total ［トータル］

ルーチン

ルーチンワークに精
を出す。

決まっている日常
の仕事や事がら。

routine ［ルーティーン］

霊験
れいげん
神仏などが示す不思議な力の現れ。

霊験あらたかなパワースポット。

miraculous efficacy
[ミラキュラス エフィカスィー]

流転
るてん
移り変わってやむことがないこと。

この世は万物流転である。

vicissitudes [ヴィスィスィチューズ]

零落
れいらく
落ちぶれること。

零落してひっそりと暮らす。

down and out [ダウン アンド アウト]

冷然
れいぜん
少しも心を動かさず冷ややかな態度でいるさま。

悲惨な状況を冷然と眺める。

indifference [インディファレンス]

劣後
れつご
他より劣り、遅れをとること。

スマホはパソコンに決して劣後するものではない。

subordination [サボーディネーション]

歴任
れきにん
次々に立派な職についてきたこと。

大臣のポストを歴任する。

hold posts successively
[ホールド ポスツ サクセスィヴリー]

ども
キミもやるネ

レビュー
評論。

CDのレビュー。

review [レヴュー]

廉価
れんか
安い値段。

商品を廉価で購入する。

low price ［ロー プライス］

連呼
れんこ
同じことを何度も叫ぶこと。

応援の言葉を連呼する。

repeated calls ［リピーティッド コールズ］

連動
れんどう
一部が動くと他の部分も動く。

収入に連動した支出。

linked ［リンクト］

練磨
れんま
心や身を鍛え磨くこと。

集中心を練磨する。

training ［トレーニング］

労多くして功少なし
ろうおおくしてこうすくなし

苦労した割には効果が少ないこと。

---

all pains and no gains
痛みばかりで何も得られない。

老獪
ろうかい
経験を積んでいて悪賢いこと。

老獪な手口でじっくり攻め込む。

crafty ［クラフティー］

老骨に鞭打つ
ろうこつにむちうつ
年をとって衰えた身を励ましがんばる。

老骨に鞭打って雪かきをする。

keep old body going
［キープ オールド ボディー ゴーイング］

ロジック

論理。

明快なロジックを述べる。

logic [ロジック]

籠城
ろうじょう

家などにこもって外に出ないこと。

銀行強盗が人質を取って籠城する。

confinement [コンファインメント]

猥雑
わいざつ

ごたごたと入り乱れていること。

都会の猥雑な裏通り。

disorder [ディスオーダー]

論駁
ろんばく

相手の論を言い負かすこと。

あっさりと論駁されてしまう。

refutation [レフュテーション]

若作り
わかづくり

服や化粧などで若く見せる。

年に似合わず若作りな人。

youthfully made [ユースフリー メード]

我が意を得たり
わがいをえたり

自分の考えと一致する。

我が意を得たりとばかりうなずく。

as wished [アズ ウィッシュト]

和をもって貴しとなす
わをもってとうとしとなす

みんなが仲良く争いを起こさないのが良いということ。

Cherish the harmony among people.
人との間の調和を大切にせよ。

252

3

上

級

アーカイヴ

コンピュータで、複数のファイルを一つにまとめたファイルのこと。

アーカイヴ機能を利用する。

archive [アーカイヴ]

相身互い
あいみたがい

同じ境遇にある者どうしが同情し、助け合うこと。

困った時は相身互いだ。

mutual aid [ミューチュアル エイド]

アウフヘーベン

矛盾することを否定せず、より高いレベルで解決すること。止揚。

対立する考えをアウフヘーベンする。

aufheben [アウフヘーベン]

秋風が立つ
あきかぜがたつ

秋風が吹く。

秋風が立つ頃に君を思う。

cooling down [クーリング ダウン]

アジェンダ

行動計画。大会のアジェンダをまとめる。

agenda [アジェンダ]

朝未き
あさまだき

夜が明けきらないころ。

朝未きに床を出る。

before dawn [ビフォア ドーン]

徒や疎か
あだやおろそか

軽々しく粗末にするさま。

徒や疎かにはできない案件。

negligent [ネグリジェント]

後講釈
あとこうしゃく

結果がわかってから、もっともらしく説明を加えること。

言いたい放題の後講釈。

Monday morning quarterback
［マンデー モーニング クォーターバック］

後知恵
あとぢえ

物事が終わってしまってから出てくる知恵。

後知恵ならばいくらでも出る。

hindsight ［ハインドサイト］

アナクロニズム

その時代から外れていたり時代遅れであったりすること。

アナクロニズムを反映したデザイン。

anachronism ［アナクロニズム］

ソレはアレですよねペラペラ

アナロジー

類推。未知なものを、すでに知っている事に当てはめて考えること。

それは分析というよりもアナロジーだ。

analogy ［アナロジー］

アニミズム

自然界の物事に霊魂などの存在を認め、信仰すること。

アニミズムから生まれた古代の美術。

animism ［アニミズム］

アノニム

匿名。作者不明。

アノニムの作品が受賞する。

anonym ［アノニム］

アバンギャルド

第一次大戦後、ヨーロッパにおこった芸術革新運動。前衛芸術。

アバンギャルドな作風。

avant-garde ［アヴァンギャルド］

アフォリズム

物事の真実を簡潔に鋭く表現した語句。

英文学のアフォリズム集。

aphorism [アフォリズム]

ア・プリオリ

経験に先立つ、先天的な認識や概念。

ア・プリオリという概念。

a priori [ア・プリオリ]

ア・ポステリオリ

後天的。⇕ア・プリオリ

ア・ポステリオリな認識。

a posteriori [ア・ポステリオリ]

アメニティ

快適さ。充実したアメニティグッズ。

amenity [アメニティ]

阿諛追従
あゆついしょう

気に入られようとしてこびへつらうこと。

権力者に阿諛追従する。

flattery [フラッタリー]

ありのすさび

生きているのに慣れて、ありがたみを感じず生きること。

いつしか、ありのすさびになってしまった。

live by ineria [リヴ バイ イナーシャ]

アルカイック

古拙な。古風な。

アルカイック・スマイル。

archaic [アーキイック]

アレゴリー

寓意。遠まわしに表現された比喩。

アレゴリーに満ちた昔話。

allegory [アレゴリー]

暗暗裏
あんあんり

人知れず。暗暗裏に計画を進める。

secretly [スィークレットリー]

アンサンブル

合奏・合唱。「そろいの服。素晴らしいアンサンブル。

ensemble [アンサンブル]

アンソロジー

同じ主題などによってまとめられた作品集。作家のアンソロジーが出版される。

anthology [アンソロジー]

アンチテーゼ

反対の意見。アンチテーゼを提示する。

antithesis [アンティセスィス]

アンニュイ

退屈。アンニュイな日々を送る。

ennui [アンニュイ]

安寧
あんねい

無事でやすらかなこと。世の安寧を乱す行為。

welfare [ウェルフェア]

アンビバランス

反対の感情を同時に持つこと。アンビバランスを感じる。

ambivalence [アンビヴァレンス]

謂
いい

言うこと。わけ。意味。それは状況を理解していない者の謂ですね。

saying [セイイング]

言うに事欠いて
いうにことかいて

ほかに言い方があるだろうに。言わなくてもよいのに。言うに事欠いてあのような発言をするとは。

lack of expression
[ラック オブ エクスプレッション]

唯唯諾諾
いいだくだく

従順に人に従うさま。

唯唯諾諾として指示に従う。

obededience [オビーディエンス]

如何物食い
いかものぐい

常人と異なった趣味や食べ物の好みをもつこと。

こんなゲテモノを食すとは、何という如何物食いだ。

eat bizarre things [イート ビザー スィングス]

以遠
いえん

これより遠い場所。ここから先。

西へは神奈川以遠へ行ったことがない。

farther [ファーザー]

委曲を尽くす
いきょくをつくす

説明などを細かいところまで行うこと。

委曲を尽くした小冊子。

give all the details
[ギヴ オール ザ ディテイルズ]

意気衝天
いきしょうてん

やる気が激しく盛んなこと。

意気衝天の勢い。

high spirits [ハイ スピリッツ]

委細構わず
いさいかまわず

事情がどうあろうとも、それにはかかわらず。

委細構わず予定通り計画を実施する。

regardless of the circumstances
[リガードレス オブ ザ サーカムスタンスィズ]

かしこまりました

委細承知
いさいしょうち

すべて承知している。

委細承知いたしました。

know all the details
[ノウ オール ザ ディテイルズ]

偉丈夫
いじょうふ

体が大きく、たのもしそうな男。

立派な偉丈夫がやって来た。

big stong man [ビッグ ストロング マン]

蝟集
いしゅう

群がり集まること。

樹木に虫が蝟集している。

concentration [コンセントレーション]

衣食足りて礼節を知る
いしょくたりてれいせつをしる

生活する余裕ができてから、ようやく礼儀を知ることができる。

Well-fed, well-mannered
十分食べていれば礼儀正しくなる。

位相
いそう

変化するものが、特定の状況で見せる姿や言葉。

女性語は、ひとつの位相である。

topology [トポロジー]

射竦める
いすくめる

視線で相手を怖がらせる。

鋭い目つきで射竦められる。

glare down [グレア ダウン]

一衣帯水
いちいたいすい

幅の狭い川や海。また、それを隔てて隣り合っていること。

一衣帯水の地。

strip of water［ストリップ オブ ウォーター］

痛しかゆし
いたしかゆし

どちらにしても困るという意味。

痛しかゆしな状況です。

dilemma［ディレンマ］

一族郎党
いちぞくろうとう

血のつながった者たちと、その家来たち。

一族郎党の力を結集する。

whole clan［ホール クラン］

一言居士
いちげんこじ

何事か言いたい人。

父は骨董品に関しては一言居士だ。

vociferous person
［ヴォスィフェラス パーソン］

一念を凝らす
いちねんをこらす

ひたすら思う。

一念を凝らした祈りを捧げる。

meditate［メディテイト］

一如
いちにょ

一体であること。

物心一如。

oneness［ワンネス］

一病息災
いちびょうそくさい

持病があるほうが、かえって気づかいをして長生きするということ。

One who experiences a chronic ailment takes better care of his health and lives longer.（直訳）

一蓮托生
いちれんたくしょう

仲間として行動や運命をともにすること。

一蓮托生の仲。

in the same boat [イン ザ セーム ボート]

一切衆生
いっさいしゅじょう

この世に生きるすべての生き物。

一切衆生に価値を見出す。

all creatures [オール クリーチャーズ]

一視同仁
いっしどうじん

すべての人を平等に愛すること。

一視同仁の精神。

universal love [ユニヴァーサル ラヴ]

一世を風靡する
いっせいをふうびする

ある時代に大きく流行する。

かつて一世を風靡したバンド。

take world by storm
[テーク ワールド バイ ストーム]

一知半解
いっちはんかい

理解のしかたが中途半端なこと。

一知半解の徒。

insufficient understanding
[インサフィスィエント アンダースタンディング]

一頭地を抜く
いっとうちをぬく

他より頭ひとつぬき出ていること。

一頭地を抜く存在感。

exceed [エクスィード]

一得一失
いっとくいっしつ

得な点もあれば損な点もあること。

どの手法も一得一失である。

a gain and a loss [ア ゲイン アンド ア ロス]

イデア, イデー

理想。
プラトンによる「イデア論」。

idea［イデア］

一方の雄
いっぽうのゆう

大勢の人を導く役
割にある人。
彼は一方の雄だ。

leader［リーダー］

いとどしく

はなはだしく。
いとどしく奏でられ
る虫の音。

exceedingly［エクスィーディングリー］

イデオロギー

政治的・社会的な
思想。
党のイデオロギーに
変化が見られる。

ideologie［イデオロギー］

イニシエーション

ある集団のメンバ
ーとして承認され
るための儀式。
風変わりなイニシエ
ーション。

initiation［イニシエーション］

イニシアティヴ

主導権。
イニシアティヴが他
の人に移る。

initiative［イニシアティヴ］

いまわの際
いまわのきわ

死ぬ時。
いまわの際に遺言を
残す。

death bed［デス ベッド］

イノベーション

技術革新。
この産業にはイノベ
ーションが必要だ。

innovation［イノベーション］

甍
いらか

屋根瓦。
お寺の甍。

roof tile［ルーフ タイル］

畏友
いゆう

尊敬している友人。

彼は僕にとって畏友と呼べる存在だ。

respected friend［リスペクティッド フレンド］

色の白いは七難隠す
いろのしろいはしちなんかくす

色白の女性は皆美しく見えるということ。

A fair complexion hides all faults
見た目のよさは全ての欠点を隠す。

異を立てる
いをたてる

違った意見、反対の意見を出す。

何かにつけて異を立てる人。

raise objection［レイズ オブジェクション］

意を体する
いをたいする

人の考えや気持ちを理解し、それに従う。

先輩の意を体して事に当たる。

comply［コンプライ］

因業
いんごう

頑固で無情なこと。
何らかの結果を生む原因になる行為。

あまりに因業な仕打ち。

hardhearted［ハードハーティッド］

因果律
いんがりつ

すべての事は、必ずある原因によって起こるという法則。

因果律に従って事件を調査する。

causality［コーザリティー］

隠然
いんぜん

陰で強い力を持っているさま。

党内に隠然たる勢力をもつ。

latent dominance [レイタント ドミナンス]

引責
いんせき

責任を引き受けること。

経営陣が引責辞任を発表した。

responsibility [レスポンスィビリティー]

インタラクティヴ

双方向の。

インタラクティブなソフトウェア。

interactive [インタラクティヴ]

インターン

学生が就職前の一定期間、実際の企業で働くこと。

企業のインターンに応募する。

internship [インターン]

イントネーション

話の内容などによる声の上がり下がり。

中国語のイントネーションは難しい。

intonation [イントネーション]

いいかも！応募しよう！

□□企画㈱ インターン募集

迂遠
うえん

まわりくどいさま。

迂遠な説明に苛立つ。

circuitous [サーキュイタス]

隠忍自重
いんにんじちょう

苦しみなどをじっと抑え、軽はずみな行動をしないこと。

当分の間、隠忍自重して下さい。

patience [ペイシェンス]

浮かぶ瀬
うかぶせ

苦しい境遇や状態
から抜け出る機会。
ここで踏ん張れば浮
かぶ瀬もあろう。

favorable turn［フェイヴォラブル ターン］

有卦に入る
うけにいる

幸運にめぐりあっ
てよいことが続く。
ビジネスが波に乗り、
有卦に入っている。

come upon a lucky year
［カム アポン ア ラッキー イヤー］

A社商談
決定

B商品
売上UP

イベント
企画
決定

薄紙をはぐよう
うすがみをはぐよう

病気などが、日ご
とに少しずつよく
なっていくさま。
薄紙をはぐように回
復している。

recover gradually
［リカヴァー グラジュアリー］

歌枕
うたまくら

和歌に詠まれて有
名になった各地の
名所・旧跡。
昔から歌い継がれた
歌枕。

poetical subject［ポエティカル サブジェクト］

泡沫
うたかた

水に浮かぶ泡。は
かないさま。
あぶく銭が泡沫のご
とく消える。

bubbles［バブルズ］

鰻の寝床
うなぎのねどこ

入口が狭くて奥行
きの深い建物や場
所のたとえ。
鰻の寝床のような長
屋。

long narrow room［ロング ナロー ルーム］

内股膏薬
うちまたごうやく

都合しだいで意見
や立場を変えるこ
と。
皆に内股膏薬と呼ば
れてしまう。

opportunist［オポチュニスト］

265

鵜の真似をする烏
うのまねをするからす

自分の能力をよく考えず、やたら人まねをすると失敗するということ。

The jay is unmeet for a fiddle.
カケスにバイオリンは似合わない。

胡乱
うろん

正体が怪しく疑わしいこと。

胡乱な人物を警戒する。

fishy［フィッシー］

烏有に帰する
うゆうにきする

特に、火災ですっかりなくなること。

火災により資料が烏有に帰した。

reduced to ashes［リデュースト トゥ アシズ］

永劫回帰
えいごうかいき

人の生は永遠に繰り返すと説く、ニーチェの思想。

永劫回帰という世界観。

eternal recurrence［イターナル リカーランス］

雲上人
うんじょうびと

雲の上にいるように偉い人。

会長は雲上人のようなものだ。

nobles［ノーブルズ］

エートス

性格。習性。

日本人特有のエートス。

ethos［エートス］

エチュード

練習曲。
ショパンのエチュードを得意とする。

etude［エチュード］

エスタブリッシュメント

社会的に確立した制度や体制。
エスタブリッシュメント間の争い。

establishment［エスタブリッシュメント］

江戸の敵を長崎で討つ

えどのかたきをながさきでうつ

意外な状況で、以前受けた恨みの仕返しをすることのたとえ。

to take revenge on someone in an unlikely place
（直訳）

襟を開く（胸襟を開く）

えりをひらく

隠しだてせず打ち明ける。
襟を開いて本音を語り合う。

open heart［オープン ハート］

エポックメーキング

ある分野に新しい時代を開くほどであるさま。
エポックメーキングな発明。

epoch-making［エポックメーキング］

演繹

えんえき

一般的なことをもとに、確実な結論を出す方法。⇔帰納

他の事柄も演繹して考える。

deduction［ディダクション］

遠因

えんいん

遠い原因。
事件の遠因を調べる。

remote cause［リモート コーズ］

横溢

おういつ

満ちあふれること。盛んなこと。

若い力が横溢している。

overflow [オーヴァーフロー]

艶福

えんぷく

男性が、多くの女性に慕われること。艶福家と呼ばれている人。

beau [ボウ]

往古

おうこ

遠い過去。

往古からの慣習。

ancient [エインシャント]

往還

おうかん

道を行き来すること。

東京と福島を往還する。

traffic [トラフィック]

逢魔が時

おうまがとき

大きな災いをもたらす時間帯。夕方。

逢魔が時は、魔物が出没する不吉な時刻である。

dusk [ダスク]

逢瀬

おうせ

男女が密かに会うこと。

恋人同士が逢瀬を重ねる。

rendezvous [ランデヴー]

オーガニック

化学肥料などを使わない栽培。

オーガニック料理の専門店。

organic [オーガニック]

オーガナイズ

組織すること。計画すること。

しっかりオーガナイズされたチーム。

organize [オーガナイズ]

大時代
おおじだい

大げさで時代遅れ
なこと。

大時代なセリフ。

---

antiquated [アンティクエーティッド]

仰せ
おおせ

ご命令。お言葉。

実情は仰せのとおり
です。

---

order [オーダー]

オーソリティ

権威。ある分野で
の第一人者。

スポーツ医学のオー
ソリティ。

---

authority [オーソリティ]

大立て者
おおだてもの

その社会の重要人
物。

財界の大立て者。

---

leading figure [リーディング フィギャー]

オートクチュール

高級衣装店。

ディオールはオート
クチュールの一つで
す。

---

haute couture [オートクチュール]

大向こうを
うならせる
おおむこうをうならせる

優れた技で多くの
人の人気を得るこ
と。

見事な演技で大向こ
うをうならせる。

---

wow the general public
[ワウ ザ ジェネラル パブリック]

燠
おき

赤くなった炭火。
まきなどが燃えて
炭火のようになっ
たもの。

鉢の中で消え残る燠。

---

embers [エンバーズ]

奥歯に剣
おくばにつるぎ

腹の中の敵意を表
に出さないこと。

奥歯に剣の心持ちで
相対する。

---

hidden hostility [ヒドゥン ホスティリティー]

上級

押し出し
おしだし
人前に出たときの
印象。

押し出しがよい男。

appearance［アピアランス］

アイツ
人たらしだな

汚辱
おじょく
はずかしめ。

ひどい汚辱に耐える。

disgrace［ディスグレイス］

遅きに失する
おそきにしっする
遅すぎて間に合わ
なくなってしまう。

対策は遅きに失した。

too late［トゥ レイト］

御為倒し
おためごかし
自分の利益のため
なのに、人のため
のように言うこと。

見え透いた御為倒し
を言う。

ulterior motive［アルテリアー モーティヴ］

小田原評定
おだわらひょうじょう
いつまでたっても
結論の出ない会
議・相談。

こんな小田原評定で
は何も生まれない。

indecisive conference
［インディサイスィヴ コンファレンス］

オッズ
競馬などで当たっ
た場合、賭けた金
の何倍になるかの
数。

あの馬は本命なので
オッズが低い。

odds［オッズ］

押っ取り刀
おっとりがたな
大慌てな様子。

押っ取り刀でかけつ
ける。

great haste［グレイト ヘイスト］

御手盛り
おてもり

思うままに自分の利益を図ること。

御手盛りの予算案。

---
self-approved plan
[セルフ アプルーヴド プラン]

乙に絡む
おつにからむ

いつもと違って変に嫌みを言ったりしつこく言う。

成績をねたまれたのか、乙に絡まれた。

---
unusually disagreeable
[アンユージュアリー ディスアグリーアブル]

音に聞く
おとにきく

うわさに聞く。有名である。

音に聞く名将。

---
famous [フェイマス]

頤
おとがい

下あご。あご。

突き出た頤。

---
chin [チン]

オブザーバー

会議などで、特別に出席を許された人。

オブザーバーとして会に出席する。

---
observer [オブザーヴァー]

鬼の霍乱
おにのかくらん

ふだん健康な人が珍しく病気になること。

あの人が入院するなんて鬼の霍乱だな。

The strongest are not proof against illness.
最も強い者が病気に耐えられるとは限らない。

オフィシャル

公式のものであること。

オフィシャルな決定事項。

---
official [オフィシャル]

オプティミズム

くよくよせず、よ
い結果を信じたり、
期待して生きる主
義。⇔ペシミズム

オプティミズムが持
ち味の人。

optimism［オプティミズム］

オブジェ

物体。

不思議なオブジェが
目を引く。

object［オブジェクト］

オマージュ

作者などに捧げる
敬意。

偉大なギタリストに
オマージュされた作
品。

hommage［オマージュ］

覚えでたい
おぼえでたい

目上の人からの評
判が良いこと。

幹部の覚えでたい
社員。

stand high in superior's trust
［スタンド ハイ イン サペリアーズ トラスト］

思い半ばに
過ぎる
おもいなかばにすぎる

考えてみて思い当
たることが多い。

彼の性格を思えば、
その行動は思い半ば
に過ぎるものがある。

imaginable［イマジナブル］

思いを致す
おもいをいたす

そのことに考えを
及ぼす。

皆の支援に改めて思
いを致す。

think of［スィンク オブ］

思うに任せない
おもうにまかせない

望んだとおりに物
事が進まない。

トラブル続きで計画
が思うに任せない。

vexatious［ヴェクセイシャス］

272

重きをなす
おもきをなす

重要とみなされる。財界で重きをなす存在。

---
leading figure [リーディング フィギュア]

親方日の丸
おやかたひのまる

倒産の心配はないなど、真剣味に欠けた意識を皮肉っていう語。親方日の丸体質から抜け切れない。

---
dependence on the government
[ディペンデンス オン ザ ガヴァーンメント]

オリエンテーション

新しい環境などに人を慣れさせるための指導。新入生に対するオリエンテーション。

---
orientation [オリエンテーション]

温厚篤実
おんこうとくじつ

穏やかで誠実なさま。父は温厚篤実な人柄で慕われている。

---
gentle and sincere
[ジェントル アンド スィンスィア]

諧謔
かいぎゃく

しゃれ。ユーモア。諧謔に満ちた劇。

---
humor [ヒューマー]

膾炙
かいしゃ

人々に広く知れ渡ること。人口に膾炙した格言。

---
well-known [ウェルノウン]

外在
がいざい

ある物事の外部にあること。外在するもう一つの原因。

---
external [エクスターナル]

晦渋

かいじゅう

表現が難しく理解しにくいさま。

晦渋な文章を読み解く。

abstruseness [アブストルースネス]

懐柔

かいじゅう

手なずけて従わせること。

反対派の懐柔にのりだす。

cajole [カジョール]

下意上達

かいじょうたつ

下の者の考えが上の者にきちんと届くこと。

下意上達がうまくいっていない部署。

bottom up [ボトム アップ]

慨嘆

がいたん

なげき怒りを覚えること。

慨嘆にたえない惨状。

lamentation [ラメンテーション]

蓋然性

がいぜんせい

確実さ。

それは蓋然性の乏しい推測だ。

probability [プロバビリティー]

該博

がいはく

広く物事に通じていること。

該博な知識。

extensive [エクステンスィヴ]

かいなで

深くは知らないこと。

かいなでの知識をひけらかす。

superficial [スーパーフィシャル]

肯ずる
がえんずる

聞き入れる。引き
受ける。

その条件では頑とし
て肯じない。

accept［アクセプト］

カウンター
カルチャー

既存の文化などを
否定し、それに反
抗する文化。

カウンターカルチャー
としてのアングラ劇。

counterculture［カウンターカルチャー］

蝸牛角上の争い
かぎゅうかくじょうのあらそい

狭い世界でのつまらない争い。

A storm in a teacup.
コップの中の嵐。

餼首
かくしゅ

雇い主が使用人を
辞めさせること。
クビ。

突然餼首を言い渡さ
れた。

dismissal［ディスミッサル］

瑕瑾
かきん

きず。欠点。

わずかな瑕瑾を探し
出す。

scratch / flaw［スクラッチ / フロー］

岳父
がくふ

妻の父。

ご岳父様のご冥福を
心よりお祈り申し上
げます。

father-in-law［ファーザー イン ロー］

角逐
かくちく

互いに競争するこ
と。

与野党の勢力が角逐
する。

competition［コンペティション］

275

各論
かくろん

全体の中の、細かいことについての議論。

これより各論に入る。

detailed discusaion
［ディテイルド ディスカション］

掛詞
かけことば

一つの言葉に同時に二つの意味をもたせる表現方法。

「まつ」に「待つ」と「松」の意味を持たせた掛詞。

paronomasia ［パロノメーズィア］

過誤
かご

過ち。

とんでもない過誤を犯す。

mistake ［ミステイク］

雅語
がご

古典に見られる洗練されたことば。

雅語が駆使された作品。

elegant words ［エレガント ワーズ］

瑕疵
かし

傷。欠点。

設計上の瑕疵がある建物。

flaw ［フロー］

我執
がしゅう

自分の考えにとらわれること。

我執にとらわれて状況を見失う。

egoism ［イゴイズム］

可塑性
かそせい

固体に外力を加えて変形させ、力を取り去ってももとに戻らない性質。

可塑性の高い物質。

plasticity ［プラスティスィティー］

仮託
かたく

他の物事を借りて
言い表すこと。

役者に仮託して、作
者が思いを伝える。

pretense［プリテンス］

カタストロフ

大変動。変革。

大きなカタストロフ
を体験する。

catastrophe［キャタストロフィー］

片肌脱ぐ
かたはだぬぐ

他人に力を貸す。

君のために片肌脱ご
う。

assist［アシスト］

語るに落ちる
かたるにおちる

何気なく話してい
るうちに、うっか
り本当のことを言
ってしまう。

黙っていれば良いの
に語るに落ちてしま
った。

let slip［レット スリップ］

花鳥諷詠
かちょうふうえい

俳句は、自然現象
と人間を客観的に
詠むのが理想であ
るとするもの。

花鳥諷詠の世界観を
理解する。

objective description on nature
［オブジェクティヴ ディスクリプション オン ネイチャー］

隔靴掻痒
かっかそうよう

思うようにならな
いで、じれったい
こと。

変化が見られず、隔
靴掻痒の感がある。

frustrating［フラストレイティング］

客気
かっき

はやくしなければ、
という気持ち。

じらされて客気にか
られる。

eagerness［イーガーネス］

刮目
かつもく

目をこすってよく見ること。

刮目に値する出来栄え。

stare［ステア］

スゴイじゃないか

瓜田に靴を入れず
かでんにくつをいれず

疑いを招くような行為は避けよといういましめ。

Avoid compromising situations.
疑われるような状況は避けろ。

かませ犬
かませいぬ

主役を引き立て場面を盛り上げるためのやられ役。

まずはかませ犬を送り出す。

foil［フォイル］

寡聞
かぶん

知識や経験が少ないこと。

私は寡聞にしてその件について何も知らない。

ill-informed［イルインフォームド］

搦め手
からめて

相手の弱点。

先方の搦め手からせめる。

weak point［ウィーク ポイント］

裃を脱ぐ
かみしもをぬぐ

堅苦しい態度を捨てて打ち解ける。

裃を脱いで談話をする。

at ease［アット イーズ］

278

画龍点睛
がりょうてんせい

最後の仕上げ。
この作品は画龍点睛
を欠いている。

finishing touch [フィニシング タッチ]

カリカチュア

特徴を大げさに強
調して描いた人物
画。
この漫画は極端なカ
リカチュアだ。

caricature [キャリカチャー]

寛解（緩解）
かんかい

病気の症状が軽く
なった状態。
寛解の状態が続く。

remission [リミッション]

夏炉冬扇
かろとうせん

季節外れで役に立
たないもののたと
え。
夏炉冬扇としか言い
ようのない代物。

useless things [ユースレス スィングス]

侃侃諤諤
かんかんがくがく

正しいと思うこと
を堂々と主張する
さま。
侃侃諤諤と意見をぶ
つけ合う。

loud argument [ラウド アーギュメント]

考える葦
かんがえるあし

人間の、自然の中に
おける存在としての
弱さと、考える存在
としての偉大さを言
い表したもの。
人間は考える葦であ
る。

thinking reed [スィンキング リード]

汗牛充棟
かんぎゅうじゅうとう

書物がきわめて多
いことのたとえ。
汗牛充棟の書物に埋
もれて暮らす。

great number of books
[グレイト ナンバー オブ ブックス]

閑却
かんきゃく

いいかげんにして
おくこと。
それは閑却し得ない
大問題だ。

negligence [ネグリジェンス]

姦計
かんけい

よくない計画。

姦計をめぐらす。

conspiracy [コンスピラスィー]

間歇
かんけつ

一定時間をおいて
起こる。

ワイパーが間歇的に
動く。

intermittent [インターミッテント]

眼光紙背に徹す
がんこうしはいにてっす

書物を理解する能力が高いこと。

To read between the lines.
行間を読む。

含羞
がんしゅう

恥ずかしいと思う
気持ち。

含羞の色を浮かべた
顔。

shyness [シャイネス]

陥穽
かんせい

落とし穴。

敵が仕掛けた陥穽に
陥る。

trap [トラップ]

寒心に堪えない
かんしんにたえない

心配でたまらない。

風紀の乱れは寒心に
堪えない。

deplorable [ディプロアブル]

頑是無い
がんぜない

幼くて聞き分けがない。

頑是無い子供に言い聞かせる。

innocent［イノセント］

間然
かんぜん

非難や批判されるような欠点のあること。

彼女の論理には間然する所がない。

liable to criticism
［ライアブル トゥ クリティスィズム］

肝胆相照らす
かんたんあいてらす

互いに心の底まで打ち明けて交際すること。

肝胆相照らす仲。

profoundly compatible
［プロファウンドリー コンパティブル］

眼中人なし
がんちゅうひとなし

他人を無視して思うままに振る舞うさま。

まるで眼中人なししな態度。

completely ignore others
［コンプリートリー イグノア アザーズ］

勘所
かんどころ

物事の重要な部分。

勘所をはずさぬ解説。

critical spot［クリティカル スポット］

管鮑の交わり
かんぼうのまじわり

非常に仲の良い友人づきあい。

二人の関係は、まさに管鮑の交わりだ。

extremely close friendship
［イクストリームリー クロース フレンドシップ］

機縁
きえん

縁。きっかけ。

共通の趣味が機縁となって交際が始まった。

occasion［オケージョン］

気負い立つ
きおいたつ

ある物事に立ち向かおうとして強く意気ごむ。

気負い立って新しい仕事に臨む。

work up ［ワーク アップ］

新プロジェクト
頑張るゾ!!

気が差す
きがさす

うしろめたい気持ちがする。

協力不足のため気が差す。

feel guilty ［フィール ギルティー］

旗艦店
きかんてん

販売の拠点となる中心店舗。

都心に旗艦店がオープンする。

flagship shop ［フラッグシップ ショップ］

聞き届ける
ききとどける

願いなどを聞いて承知する。

頼み事がようやく聞き届けられた。

grant ［グラント］

聞き置く
ききおく

自分では意見せず、人の話を聞くだけにしておく。

とりあえずここは聞き置くにとどめる。

just listen ［ジャスト リッスン］

来し方行く末
きしかたゆくすえ

過ごしてきた日々とこれから先の日々。

あらためて来し方行く末を思う。

past and future ［パスト アンド フューチャー］

疑獄
ぎごく

有罪か無罪か判決のしにくい裁判事件。

航空機の疑獄事件。

scandal ［スキャンダル］

擬制
ぎせい

同じものとみなす。
擬制とは、失踪者を
死亡したものとみな
すことなどである。

legal fiction [リーガル フィクション]

鬼籍に入る
きせきにいる

死ぬこと。
九十歳で鬼籍に入る。

die [ダイ]

気息奄々
きそくえんえん

息が絶え絶えにな
って、今にも死に
そうなさま。物事
が今にも滅びそう
な状態にあるさま。
貧困で気息奄々とし
ている一家。

breathe feebly [ブリーズ フィーブリー]

危殆
きたい

危ないこと。
会社経営が危殆に瀕
する。

danger [デンジャー]

気遣わしい
きづかわしい

心配である。
彼女の病状が気遣わ
しい。

anxious [アンクシャス]

喫緊
きっきん

緊急で重要なこと。
喫緊の問題から手を
つける。

urgent [アージェント]

気に染まない
きにそまない

自分の好みに合わ
ないこと。
このシャツはどうも
気に染まない。

dissatisfying [ディスサティスファイング]

木に縁りて魚を求む
きによりてうおをもとむ

物事の一部分に気を取られて、全体を見失うこと。

Look not for musk in a dog's kennel.
犬小屋の中に麝香を見つけようとするな。

牛飲馬食
ぎゅういんばしょく

大量な飲み食い。

牛飲馬食で体を壊す。

gorging and swilling
[ゴージング アンド スウィリング]

驥尾に付す
きびにふす

すぐれた人に従え
ば立派なことを成
しえる。

先達の驥尾に付す。

follow suit [フォロー スート]

饗応
きょうおう

酒や食事などを出
してもてなすこと。

派手な饗応を受け
る。

entertainment [エンターテインメント]

旧弊
きゅうへい

古い習慣・制度な
どによる害。

未だに旧弊が改めら
れて
いない。

old abuses [オールド アビューゼズ]

狭隘
きょうあい

狭くゆとりがない
こと。

狭隘な土地に家を建
てる。

narrowness [ナローネス]

284

狂言回し
きょうげんまわし

表立たずに物事の進行を行う人物。

劇中の狂言回しの役。

wirepuller [ワイヤープラー]

僥倖
ぎょうこう

思いがけない幸い。偶然の幸運。

どん底で僥倖にめぐりあう。

good fortune [グッド フォーチュン]

教唆
きょうさ

あることを行うよう教えてそそのかすこと。

他人にあっさりと教唆されてしまう。

instigation [インスティゲーション]

狭窄
きょうさく

すぼまって狭いこと。

視野狭窄に陥る。

constriction [コンストリクション]

夾雑物
きょうざつぶつ

あるものの中にまじっている余計なもの。

夾雑物を取り除く。

impurity [インピュリティー]

恭順
きょうじゅん

命令につつしんで従う態度をとること。

殿に恭順の意を示す。

allegiance [アリージャンス]

教条主義
きょうじょうしゅぎ

ある特定の原理・原則にこだわり従う考え方や態度。

教条主義を脱する。

dogmatism [ドグマティズム]

行状
ぎょうじょう

日ごろのおこない。

行状の悪さが目に付く。

behavior [ビヘイヴィアー]

怯懦
きょうだ
臆病で気が弱い。
己の怯懦を嘆く。

cowardice［カワーディス］

倨傲
きょごう
つけあがること。
倨傲な態度を改める。

arrogance［アロガンス］

虚虚実実
きょきょじつじつ
力と技の限り戦う
さま。
虚虚実実のかけひき
が繰り広げられる。

diamond cut diamond
［ダイアモンド カット ダイアモンド］

巨星堕つ
きょせいおつ
大物が死ぬ。
画壇の巨星堕つ。

death of a great man
［デス オブ ア グレート マン］

巨視的
きょしてき
全体を大きくとら
えること。
巨視的に世界をとら
える。

macroscopic［マクロスコピック］

挙措を失う
きょそをうしなう
取り乱すこと。
突然の出来事に挙措
を失う。

lose composure［ルーズ コンポージャー］

挙措
きょそ
行いや振る舞い。
娘の挙措が母にそっ
くりだ。

behavior［ビヘイヴィアー］

286

毀誉褒貶
きよほうへん

ほめることと悪く
言うこと。

毀誉褒貶を全く気に
しない人。

---
praise and blame［プレイズ アンド ブレーム］

虚妄
きょもう

事実でないこと。

虚妄の説を信じ込ん
でしまう。

---
falsehood［フォルスフッド］

切り口上
きりこうじょう

改まった調子の物
の言い方。

切り口上の挨拶。

---
formal manner［フォーマル マナー］

機略
きりゃく

その時その時の状
況に応じた企み。

機略に富んだ対応。

---
maneuver［マヌーヴァー］

議論倒れ
ぎろんだおれ

議論だけはよくす
るが一向に結論が
出ない。

毎度の議論倒れに終
わってしまう。

---
empty discussion
［エンプティ ディスカッション］

軌を一にする
きをいつにする

立場や方向を同じ
くする。

彼とは考え方が軌を
一にしている。

---
concur［コンカー］

機を見るに敏
きをみるにびん

チャンスを見きわ
めるのがすばやい。

あの人はいつも機を
見るに敏である。

---
quick to seize opportunity
［クイック トゥ サイズ オポチュニティー］

金科玉条
きんかぎょくじょう

最も大切な決まり。

家族のモットーを金
科玉条とする。

golden rule [ゴールデン ルール]

金看板
きんかんばん

世間に対して誇ら
しく示すしるし。

有言実行を金看板に
掲げる。

slogan [スローガン]

禁忌
きんき

してはいけないこ
と。タブー。

平然と禁忌を破る。

taboo [タブー]

欣喜雀躍
きんきじゃくやく

飛び跳ねるように
喜ぶこと。

受賞の知らせに欣喜
雀躍する。

jump for joy [ジャンプ フォー ジョイ]

具象
ぐしょう

はっきりした姿や
形を備えているこ
と。

イメージを具象化す
る。

embodiment [エンボディメント]

具申
ぐしん

事情を詳しく申し
立てること。

新しい案を具申する。

report [リポート]

件
くだん

前に述べたこと。
例の。

件の用件で相談させ
て下さい。

regarding the issue
[リガーディング ザ イシュー]

相談させて下さい

口伝
くでん

言葉で伝えること。
口伝により継承され
た物語。

oral instruction [オーラル インストラクション]

世界はひとつ

グローバリ
ゼーション

国家などの境界を
越えて広がり一体
化していくこと。

現代はグローバリゼ
ーションの時代だ。

globalization [グローバリゼーション]

クレオール

複数の言語が混ざ
ってできた母国語。

クレオール言語。

creole [クレオール]

君子の交わりは淡きこと水の如し
くんしのまじわりはあわきことみずのごとし

君子の交際は淡泊だが長く続くということ。

Friendship between men of virtue is cool like water.
（直訳）

馨咳
けいがい

せきばらい。人が
笑ったり話したり
すること。

何とも耳障りな馨咳
だ。

cough [コフ]

軍門に下る
ぐんもんにくだる

戦いに敗れて、降
参する。

敵の軍門に下る。

surrender [サレンダー]

軽挙妄動
けいきょもうどう

深く考えずに、軽々しく行動すること。

軽挙妄動を戒める。

behave carelessly [ビヘイヴ ケアレスリー]

謦咳に接する
けいがいにせっする

尊敬する人に直接話を聞く。

恩師の謦咳に接する。

meet in person [ミート イン パーソン]

啓蟄
けいちつ

冬ごもりの虫が地中からはい出ること。

啓蟄の恒例行事。

awakening from hibernation
[アウェークニング フロム ハイバーネーション]

経時的
けいじてき

時間の経過とともに変化などが進むさま。

実験による経時的変化を観察する。

temporal [テンポラル]

傾注
けいちゅう

一つのことに専念して力を注ぐ。

この作業に全精力を傾注する。

concentration [コンセントレーション]

ケースワーカー

生活保護を受ける人の相談などを行う社会福祉の専門家。

ケースワーカーの仕事につく。

caseworker [ケースワーカー]

稀有
けう

めったにないこと。

これは極めて稀有な事例だ。

rare [レア]

激越
げきえつ
感情が激しく高ぶること。

激越な口調で主張を述べる。

vehemence [ヴィヒメンス]

気圧される
けおされる
相手の迫力に気圧される。

勢いに押される。

overpowered [オーヴァーパワード]

蓋し
けだし
正解は蓋し彼の言う通りだろう。

思うに。つまり。

after all [アフター オール]

激浪
げきろう
激浪にさらわれる。

高く激しい波。

raging waves [レイジング ウェーヴス]

血涙を絞る
けつるいをしぼる
血涙を絞って政府に援助を訴える。

激しい悲しみや憤りに涙を流す。

shed bitter tears [シェッド ビター ティアーズ]

A案とZ案
合わせて
みよう

血路を開く
けつろをひらく
大胆な決断で血路を開く。

思い切った手段で困難な状況を切り抜ける。

cut way [カット ウェイ]

懸隔
けんかく
事実と懸隔した報告内容。

かけはなれていること。

disparity [ディスパリティー]

上級

衒学
げんがく
知識や学問をひけらかすこと。
衒学的な解説。
pedantry [ペダントリー]

剣が峰
けんがみね
噴火口の周縁。瀬戸際。
成否の剣が峰に立たされる。
desperate state [デスペレット ステート]

牽強付会
けんきょうふかい
強引なこじつけ。
牽強付会の説をなす。
far-fetched [ファーフェッチト]

顕現
けんげん
はっきりと姿を現すこと。
救世主の顕現。
manifestation [マニフェステーション]

乾坤一擲
けんこんいってき
命をかけた大勝負。
乾坤一擲の大プロジェクト。
sink or swim [スィンク オア スウィム]

やっぱムリ…

厳然
げんぜん
近寄りがたく厳しいさま。
厳然とした態度を崩さない。
majestic [マジェスティック]

言辞
げんじ
言葉。言葉づかい。
身勝手な言辞を弄する。
words [ワーズ]

剣突を食わせる
けんつくをくわせる

荒々しくしかりつける。

上司が部下に剣突を食わせる。

burst out in anger
［バースト アウト イン アンガー］

喧伝
けんでん

盛んに言い広めること。

世に広く喧伝された噂話。

spread abroad ［スプレッド アブロード］

捲土重来
けんどちょうらい

敗者が勢いを再び盛り返してくること。

捲土重来を期して特訓に励む。

rally ［ラリー］

堅忍不抜
けんにんふばつ

我慢強い。

堅忍不抜の態度を貫く。

perseverance ［パーセヴェランス］

剣吞
けんのん

危険なさま。ぶっそうなさま。

剣吞な空気が漂っている。

danger ［デンジャー］

犬馬の労
けんばのろう

主君や他人のために全力を尽くして働くこと。

犬馬の労をいとわない。

rendering any service possible
［レンダリング エニー サーヴィス ポシブル］

権謀術数
けんぼうじゅっすう

人をあざむく企み。

権謀術数をめぐらす。

Machiavellianism ［マキャヴェリアニズム］

言を構える
げんをかまえる

つくりごとを言う。

言を構えるばかりで何もしない。

lie ［ライ］

言をまたない
げんをまたない
改めて言うまでもない。
結果が最優先されることは言をまたない。

needless to say ［ニードレス トゥ セイ］

言を左右する
げんをさゆうする
はっきりしたことを言わない。
言を左右して責任を逃れる。

hedge ［ヘッジ］

鯉の滝登り
こいのたきのぼり

出世することのたとえ。

success in life
人生の成功。

交歓
こうかん
互いに親しく交わり楽しむこと。
交歓会が開かれる。

fraternize ［フラターナイズ］

行雲流水
こううんりゅうすい
深く物事にこだわらないで自然に任せること。
彼の性格は行雲流水そのものだ。

let things be ［レット スィングス ビー］

交誼
こうぎ
心が通じ合った交際。
かつてのライバル同士が交誼を結ぶ。

friendship ［フレンドシップ］

同志だ！

肯綮に中る
こうけいにあたる
要点をおさえる。

肯綮に中る発言をする。

have a clear point
[ハヴ ァ クリアー ポイント]

好好爺
こうこうや
優しくて人のよい老人。

いかにも好好爺といった風貌の老人。

genial old man [ジニアル オールド マン]

後顧の憂い
こうこのうれい
あとあとの心配。

後顧の憂いのないよう貯金をする。

anxiety [アンザイエティー]

嚆矢
こうし
物事のはじめ。

現代絵画の嚆矢。

beginning [ビギニング]

小さな事からコツコツと

好事魔多し
こうじまおおし
よいことには邪魔が入りやすい。

順風満帆の矢先、好事魔多しでこの事故だ。

Clouds always follow the sunshine.
陽光には常に雲がつきまとう。

幸甚の至り
こうじんのいたり
大変ありがたく思うこと。

おいで頂き幸甚の至りに存じます。

extreemly glad [エクストリームリー グラッド]

好事家
こうずか
もの好きな人。

多くの好事家が競売会に集まる。

dilettante [ディレッタント]

構造主義
こうぞうしゅぎ

構造を分析し、様々なことを明らかにしようとする考え。

構造主義の立場で批判を行う。

structuralism [ストラクチャラリズム]

号する
ごうする

自ら言い広める。

自社が世界一と号する。

announce [アナウンス]

高踏
こうとう

俗な気持ちを捨てて、高尚さを保つこと。

高踏的な芸術集団。

highbrow [ハイブラウ]

狡知
こうち

ずる賢い知恵。

狡知にたける。

craft [クラフト]

備えよ常に…

後難
こうなん

後に起こる災難。

後難を恐れて対策を講じる。

future trouble [フューチャー トラブル]

口吻
こうふん

口ぶり。

自慢気な口吻で語る。

way of speaking [ウェイ オブ スピーキング]

公憤
こうふん

社会の悪に対し、自分の損得をこえて持つ憤り。

高齢者を狙った詐欺に公憤を覚える。

righteous indignation
[ライチャス インディグネーション]

紺屋の白袴

こうやのしろばかま

他人のためにばかり働き、自分のことに手が回らないこと。

The tailor's wife is worst clad.
仕立屋の妻は最もひどい服を着る。

上級

虚空をつかむ

こくうをつかむ

ひどく苦しみもがくよう す。

虚空をつかんで息絶える。

grasp at the air ［グラスプ アット ズィ エアー］

コード

記号や暗号。

コードネームを教える。

code ［コード］

こけら落とし

こけらおとし

新築劇場の最初の興行。

歌舞伎座のこけら落としを観に行く。

opening of a new theater
［オープニング オブ ア ニュー スィアター］

穀潰し

ごくつぶし

食べるだけで働かない者。

家族の穀潰し者と呼ばれる。

idler ［アイドラー］

心を致す

こころをいたす

心を尽くす。

教育者として心を致すべきことは、まずは愛情だ。

do best ［ドゥ ベスト］

心当て

こころあて

心に頼みとすること。

年金の受給を心当てにする。

expectation ［エクスペクテーション］

社長…

腰巾着
こしぎんちゃく

権力者につき回る人。

社長の腰巾着と呼ばれてしまう。

hanger-on［ハンガーオン］

吾人
ごじん

我々。

それは吾人の知るところではない。

we［ウィー］

故事来歴
こじらいれき

事柄について伝えられてきた歴史。

古墳の故事来歴を研究する。

origin and history
［オリジン アンド ヒストリー］

コスモロジー

宇宙論。

民族によって異なるコスモロジー。

cosmology［コスモロジー］

鼓吹
こすい

元気づけ、励ますこと。

選手達のやる気を鼓吹する。

encourage［エンカレッジ］

枯淡
こたん

あっさりとした中に味わいがあること。

枯淡な味わいの陶器。

elegant simplicity
［エレガント スィンプリスィティー］

古拙
こせつ

技術的にはつたないが、古風で素朴な趣のあること。

古拙な民芸品。

quaint［クウェイント］

克己復礼
こっきふくれい

自分を抑えて礼儀
にかなった行動を
とること。

克己復礼の精神を貫
く。

exercising self-restraint
[エクササイズィング セルフリストゥレイント]

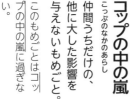

コップの中の嵐
こっぷのなかのあらし

仲間うちだけの、
他に大した影響を
与えないもめごと。

このもめごとはコッ
プの中の嵐に過ぎな
い。

storm in a teacup
[ストーム イン ア ティーカップ]

骨肉相食む
こつにくあいはむ

親子や兄弟など血
縁の者どうしが互
いに争う。

骨肉相食む相続争い。

family discord [ファミリー ディスコード]

言霊
ことだま

言葉にあると信じ
られていた不思議
な力。

言霊の力を信じる。

soul of language [ソウル オブ ランゲージ]

事ここに至る
ことここにいたる

ある状況に至って、
どうにも変更しよ
うのない事態にな
る。

事ここに至っては真
実を述べるしかない。

come this pass [カム ズィス パス]

事を構える
ことをかまえる

事を荒立てようと
いう態度をとる。

今ここで事を構える
つもりはない。

make trouble [メーク トラブル]

事程左様に
ことほどさように

（今述べたように）
それほどに。

事程左様に生きてい
くことは簡単ではな
い。

that much [ザット マッチ]

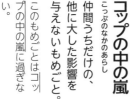

299

事を分ける
ことをわける

筋道をはっきりさせて詳しく説明する。

事を分けて話せば理解してもらえる。

explain step by step
[エクスプレイン ステップ バイ ステップ]

事を好む
ことをこのむ

なにか事件が起こるのを望む。

事を好まぬ平和主義な人。

look for trouble [ルック フォー トラブル]

御破算
ごはさん

物事を最初の状態に戻す。

契約を御破算にする。

starting afresh [スターティング アフレッシュ]

粉をかける
こなをかける

異性に対して声をかける。

相手にちょっと粉をかけてみる。

hit on [ヒット オン]

誤謬
ごびゅう

間違い。

思いがけない誤謬が見つかる。

mistake [ミステーク]

コミット

かかわり合うこと。約束すること。

多くのプロがこの事業にコミットした。

commit [コミット]

コミッション

物事を他人にまかせること。委託業務に対する手数料。

十パーセントのコミッションが発生する。

commission [コミッション]

コモンセンス

常識。

コモンセンスにやや欠ける人。

common sense [コモンセンス]

固陋
ころう

頑固。古いものに執着し、新しいものを認めようとしないこと。

頑迷固陋な姿勢を変えない。

narrow-minded [ナロー マインディッド]

蠱惑
こわく

人の心をひきつけて惑わすこと。

蠱惑的な宣伝につられてしまう。

fascination [ファスィネーション]

勤行
ごんぎょう

仏前でお経を読み、祈ること。

毎朝の勤行を欠かさない。

religious service [レリジャス サーヴィス]

コンサバティブ

保守的なさま。

コンサバティブな考え方。

conservative [コンサーヴァティヴ]

コンセンサス

意見の一致。合意。

部内のコンセンサスを得る。

consensus [コンセンサス]

コンテクスト

文脈。前後の流れ。

前後のコンテクストから理解する。

context [コンテクスト]

災禍
さいか

天災や事故によって受けるわざわい。思いがけない災難。

予想だにしない災禍に遭う。

accidents [アクスィデンツ]

細工は流々仕上げを御覧じろ
さいくはりゅうりゅうしあげをごらんじろ

十分工夫をこらしてあるから、仕上がりを待ちなさいという意味。

The end crowns the work.
結果が仕事に冠を与える。

才走る
さいばしる

利口さがきわだちすぎる。

才走ったことを言う。

cleverish［クレヴリッシュ］

賽の河原
さいのかわら

むだな努力のたとえ。

全ての努力が賽の河原と化す。

Children's Limbo［チルドレンズ リンボー］

錯雑
さくざつ

様々なものが見分けがつかないほどに入りまじっているさま。

錯雑した政治情勢。

complication［コンプリケーション］

悩む…

F E D G A B C

左顧右眄
さこうべん

周囲を気にして、なかなか決断しないこと。

選択肢の多さに左顧右眄する。

indecisiveness［インディサイスィヴネス］

座視
ざし

黙って見ているだけで、手出しをしないこと。

座視するだけで手を下さない。

sit on ass［スィット オン アス］

302

査収
さしゅう

金品・書類などを調べて受け取ること。

明細書をお送りしましたので御査収ください。

check and receive
[チェック アンド リスィーヴ]

些少
さしょう

数量や程度がわずかなこと。

些少ながら貴重なサンプル。

trifle [トライフル]

蹉跌
さてつ

つまずき。行き詰まり。

計画が狂って蹉跌をきたす。

stumbling [スタンブリング]

明細書

サブリミナル

無意識に働きかけるさま。

サブリミナルな効果があるコマーシャル。

subliminal [サブリミナル]

さもありなん

きっとそうであろう。

彼の実力からすれば入賞はさもありなんだ。

reasonable [リーズナブル]

去る者は日々に疎し
さるものはひびにうとし

親しかった者も、離れてしまうと、しだいに親しみが薄くなる。

Out of sight, out of mind.
目に見えないものは忘れられる。

お待ちしておりました

慚愧
ざんき

深く恥じ入ること。
慚愧に堪えない。（恥ずかしくて仕方ない）

shame［シェーム］

三顧の礼
さんこのれい

礼をつくして依頼する。
三顧の礼をもって迎える。

offer earnest invitations
［オファー アーネスト インヴィテーションズ］

散見
さんけん

あちこちに見られること。
同意見が散見される。

seen here and there
［スィーン ヒヤ アンド ゼア］

傘寿
さんじゅ

八十歳。
傘寿を迎える。

eightieth birthday［エイティース バースデー］

暫時
ざんじ

少しの間。
暫時お待ち下さい。

for a short time［フォー ア ショート タイム］

三十六計逃げるに如かず
さんじゅうろっけいにげるにしかず

困ったときは逃げるのが一番であるということ。

One pair of heels is worth two pairs of hands.
一対の踵は二対の手に値する。

酸鼻
さんび

むごたらしいこと。

酸鼻をきわめた事件。

horrible［ホリブル］

思案投げ首
しあんなげくび

案が浮かばず、困りきって首を傾けていること。

思案投げ首の体。

at a loss［アット ア ロス］

思案に余る
しあんにあまる

いくら考えても、よい考えが出てこない。

思案に余って先生に相談する。

quite at loss［クアイト アット ロス］

思惟
しい

考えること。

思惟を巡らす。

thinking［スィンキング］

恣意的
しいてき

気ままで自分勝手な様子。

監督の恣意的な判断に振り回される。

arbitrariness［アービトラリネス］

ジェンダー

社会的、文化的な男女の差。

ジェンダーを超えた、新しい価値観。

gender［ジェンダー］

自害
じがい

刀などで自殺すること。

侍が自害して果てる。

suicide［スーイサイド］

自家中毒
じかちゅうどく

神経性の嘔吐症。

自家中毒は自律神経の不安定な子に起こりやすい。

autointoxication
［オートイントクスィケーション］

自家撞着

じかどうちゃく

言うことなどが矛盾すること。

理論が自家撞着する。

self-contradiction
[セルフコントラディクション]

地金が出る

じがねがでる

本性を現す。

上品ぶっていてもやがて地金が出る。

expose [エクスポーズ]

鹿を追う者は山を見ず

しかをおうものはやまをみず

一つのことに夢中になり、他のことに余裕がなくなること。

You cannot see the wood for the trees.
木を見ていると森を見ることはできない

嗜虐的

しぎゃくてき

残酷なことを好むさま。

嗜虐的な性格の人。

sadistic [サディスティック]

それでは
失礼致します

辞去

じきょ

別れのあいさつをして立ち去ること。

訪問先を辞去する。

leave [リーヴ]

時宜を得る

じぎをえる

ちょうどよい時。

時宜を得た企画。

well-timed [ウェルタイムド]

視座
しざ

物事を見る姿勢や立場。

高い視座を持つ。

viewpoint [ヴューポイント]

至言
しげん

いかにも正しいことを言い当てた言葉。

至言に満ちた格言集。

wise saying [ワイズ セイング]

子細ない
しさいない

さしつかえない。

この件は放置しても子細ないだろう。

no problem [ノー プロブレム]

獅子身中の虫
ししんちゅうのむし

内部にいながら害をもたらす者や、裏切る者。

獅子身中の虫がいたとは驚きだ。

treacherous friend [トリーチャラス フレンド]

自恃
じじ

自分自身をたのみとすること。自負。

自恃の念を保つ。

self-reliance [セルフ リライアンス]

獅子の子落とし
ししのこおとし

自分の子に苦労をさせ、その才能を試すことのたとえ。

Spare the rod and spoil the child.
鞭を惜しむと子供はだめになる。

自照
じしょう
自分自身をかえりみて深く観察すること。

この作品は自照文学と言える。

shine upon［シャイン アポン］

資する
しする
役に立つ。

企業の成長に資する。

contribute［コントリビュート］

市井
しせい
人家の集まった所。ちまた。

市井の声に耳を傾ける。

town［タウン］

志操堅固
しそうけんご
意志がかたいこと。

志操堅固な人。

true blue［トゥルー ブルー］

時代がかる
じだいがかる
古めかしく見える。

時代がかった言い回し。

antique-looking［アンティークルッキング］

事大主義
じだいしゅぎ
自分の信念をもたず、力あるところについて自分を守ろうとする姿勢。

悪しき事大主義。

trimming policy［トリミング ポリシィー］

舌先三寸
したさきさんずん
口先だけでうまく相手をあしらうこと。

舌先三寸で詐欺を働く。

glib tongue［グリブ タング］

耳朶に触れる
じだにふれる

耳に入る。

悪い噂が耳朶に触れる。

---
reach ears ［リーチ イヤーズ］

下にも置かない
したにもおかない

非常に大事に扱う。

下にも置かないもてなし。

---
treat courteously ［トリート カーティアスリー］

指弾
しだん

非難して退けること。

周囲から指弾される。

---
rejection ［リジェクション］

七難八苦
しちなんはっく

多くの苦難が重なること。

七難八苦を耐え抜く。

---
series of misfortunes
［スィリーズ オブ ミスフォーチュンズ］

死中に活を求める
しちゅうにかつをもとめる

絶望的な状態のなかで、生きのびる道を探し求める。

激戦の中、死中に活を求める。

---
seek a way out ［スィーク ア ウェイ アウト］

桎梏
しっこく

自由を束縛するもの。

因襲の桎梏から逃れられない。

---
fetters ［フェターズ］

櫛比
しっぴ

櫛の歯のように、すきまなく並んでいること。

家屋が櫛比している。

---
serried ［セリッド］

疾風怒濤
しっぷうどとう

激しく吹く風と、激しく打ち寄せる大波。

疾風怒濤の荒れ狂う海へ乗り出す。

---
storm and stress ［ストーム アンド ストレス］

シナジー

複数の力が合わさって個々以上の結果が出ること。

シナジー効果が期待される。

synergy [スィナジー]

頑張るゾー！！

思弁

しべん

経験に頼らず、理性だけで考えること。

思弁に基づく哲学。

speculation [スペキュレーション]

渋皮がむける

しぶかわがむける

いなか臭さが抜けて、都会的になること。

成人して渋皮がむける。

become urbane [ビカム アーベーン]

死命を制する

しめいをせいする

相手の運命を左右するような急所を押さえる。

宿敵の死命を制する。

have at mercy [ハヴ アット マースィー]

揣摩臆測

しまおくそく

根拠もなく勝手に推測すること。

その意見は揣摩臆測に過ぎない。

surmise [サーミス]

捨象

しゃしょう

ある物事の根本的な性質を述べるとき、不要な要素を捨てること。

要点を抽出して他を捨象する。

abstraction [アブストラクション]

シャーマニズム

シャーマン（みこ）を中心とする宗教の形。

現代にも存在するシャーマニズム。

shamanism [シャーマニズム]

洒脱（しゃだつ）

俗を離れあかぬけている様子。

洒脱なセリフ。

sophisticated［ソフィスティケーティッド］

借景（しゃっけい）

向こうの風景を庭園の景色として利用すること。

富士山を借景として取り入れた庭園。

borrowed landscape
［ボロゥド ランドスケープ］

充溢（じゅういつ）

満ちあふれること。

闘争心が充溢している。

overflow［オーヴァーフロー］

この条件ですと…

ほう

周旋（しゅうせん）

売買や交渉などで、間に立って世話をすること。

条件のよい話を周旋する。

mediation［メディエーション］

衆寡敵せず（しゅうかてきせず）

少数では多数にかなわない。

衆寡敵せずであっさり負けてしまった。

outnumbered［アウトナンバード］

愁眉を開く（しゅうびをひらく）

心配がなくなって、ほっとした顔つきになる。

無事を知って愁眉を開く。

feel relieved［フィール リリーヴド］

秋波を送る（しゅうはをおくる）

異性の関心をひこうとして色目を使う。

気になる男性に秋波を送る。

cast amorous glances
［キャスト エモラス グランスィズ］

渋面
じゅうめん
不愉快そうなにがにがしい顔つき。
思わず渋面を作る。

frown [フラウン]

宿痾
しゅくあ
長い間治らない病気。
宿痾に悩まされる。

chronic disease [クロニック ディズィーズ]

宿運
しゅくうん
避けられない運命。宿命。
宿運と思って諦める。

fate [フェイト]

衆生
しゅじょう
生命のあるものすべて。
衆生界は迷いに満ちている。

living things [リヴィング スィングス]

十指に余る
じっしにあまる
十本の指で数えきれないほど多い。
十指に余る特長。

numerous [ヌメラス]

峻厳
しゅんげん
非常にきびしいこと。
峻厳な態度を崩さない。

stern [スターン]

春秋に富む
しゅんじゅうにとむ
年が若く、将来が長い。
春秋に富む若者。

young [ヤング]

馴致

じゅんち

なれさせること。

訓練による環境への
馴致。

---

taming ［テイミング］

春風駘蕩

しゅんぷうたいとう

春風がのどかに吹
くさま。人柄の温
和なさま。

春風駘蕩たる四月の
午後。

---

genial spring weather
［ジニアル スプリング ウェザー］

峻別

しゅんべつ

厳しくはっきりと
区別すること。

出来ることと出来な
いことを峻別する。

---

distinction ［ディスティンクション］

峻烈

しゅんれつ

非常に厳しく激し
いこと。

峻烈な批判を浴びる。

---

severe ［スィヴィア］

所為

しょい

した事。仕業。

悪魔の所為としか思
えない事件。

---

deed ［ディード］

止揚

しよう

矛盾することを否
定せず、より高い
レベルで解決する
こと。

二つの対立概念を止
揚する。

---

sublation ［サブレーション］

上意下達

じょういかたつ

上の者からの命令
を下の者へ伝える
こと。

上意下達がスムーズに
行われている。

---

top-down ［トップダウン］

情宜

じょうぎ

人とつきあう上で
の人情や誠意。

彼はたいへん情宜に
厚い。

---

fellowship ［フェローシップ］

常住坐臥
じょうじゅうざが
いつも。ふだん。
常住坐臥記憶にとど
めておく。

always［オールウェイズ］

生者必滅
しょうじゃひつめつ
生命あるものは必
ず死ぬときが来る
ということ。
生者必滅は世の習い
だ。

All living things must die.
［オール リヴィング スィングス マスト ダイ］

悄然
しょうぜん
心にかかることが
あって元気がない
さま。
悄然とした姿でたた
ずむ。

depressed［ディプレスト］

蕭条
しょうじょう
ひっそりとしても
のさびしいこと。
蕭条たる秋風の吹く
季節。

bleak［ブリーク］

消長
しょうちょう
勢いが衰えたり盛
んになったりする
こと。
勢力が消長する。

ups and downs［アップス アンド ダウンズ］

相伴
しょうばん
連れ立っていくこ
と。
ご相伴にあずかりま
す。

accompaniment［アカンパニメント］

焦眉の急
しょうびのきゅう
近くに迫った危険。
事態が焦眉の急を告
げる。

urgent need［アージェント ニード］

従容
しょうよう

ゆったりと落ち着いているさま。

従容たる身のこなし。

tranquil [トランキル]

逍遥
しょうよう

気ままにあちこちを歩き回ること。

街中を逍遥する。

stroll [ストロール]

嘱望
しょくぼう

期待すること。

将来を嘱望されている新人選手。

expectation [エクスペクテーション]

嘱託
しょくたく

仕事を頼んで任せること。

面倒な作業を嘱託する。

temporary employment
[テンポラリー エンプロイメント]

緒につく
しょにつく

物事を始める。

業務はまだ緒についたばかりだ。

よし！頑張ろう！

PC

get started [ゲット スターティッド]

知らぬは亭主ばかりなり
しらぬはていしゅばかりなり

本人だけが何も知らないでいること。

The husband is always the last to know.
亭主が知るのはいつも最後。

315

知るべ
しるべ
知り合い。
知るべを頼って上京
する。

acquaintance［アクエインタンス］

呻吟
しんぎん
うめくこと。うな
ること。
見事な描写に呻吟す
る。

groan［グローン］

塵埃
じんあい
ちりとほこり。け
がれた世の中。
世の塵埃にまみれる。

grit and dust［グリット アンド ダスト］

身代
しんだい
財産。資産。
努力を重ねて身代を
築く。

fortune［フォーチュン］

森厳
しんげん
厳粛でおごそかな
さま。
森厳な沈黙が続く。

solemn［ソレム］

身命を賭す
しんめいをとす
命をかける。
身命を賭して任務に
あたる。

risking life［リスキング ライフ］

心胆
しんたん
きもったま。
人々の心胆を奪う事
件。

spirit［スピリット］

親和性
しんわせい

物事を組み合わせたときの、相性のよさ。

両者は親和性が高い。

affinity［アフィニティー］

人倫
じんりん

人として守るべき道。

人倫にもとる卑劣な行為。

morality［モラリティー］

随意
ずいい

心の思うままにすること。

ご随意におくつろぎください。

freely［フリーリー］

信を問う
しんをとう

自分を信用しているかどうかを相手にたずねる。

国民に信を問う。

seek confidence［スィーク コンフィデンス］

出納
すいとう

金や物を出し入れすること。

現金を出納する。

incomings and outgoings
［インカミングス アンド アウトゴーイングス］

水魚の交わり
すいぎょのまじわり

離れることのできない親しい間柄のこと。

水魚の交わりを結ぶ。

close friendship［クロース フレンドシップ］

おはよ

おはよっございます

垂範
すいはん

自ら模範を示すこと。

率先して垂範する。

setting example［セッティング エクザンプル］

枢軸
すうじく
物事の重要な部分。

我が国の枢軸産業。

center［センター］

枢要
すうよう
最も大切なところ。

枢要な地位につく。

importance［インポータンス］

スキーム
計画。

明確なスキームのもとで企画を進める。

scheme［スキーム］

スケープゴート
身代わり。生贄（いけにえ）。

スケープゴートとして身を差し出される。

scapegoat［スケープゴート］

筋交い
すじかい
斜めに交わること。

交差点を隔てて筋交いにあるビル。

diagonal［ダイアゴナル］

ステレオタイプ
行動や考え方が型にはまっていること。

ステレオタイプの発言内容。

stereotype［ステレオタイプ］

スポークスマン
政府や団体の意見などを発表する担当者、また、代弁者。スポークスマンとしての重要な役目。

我が〇〇商事を代表しまして

spokesman［スポークスマン］

斉一
せいいつ

整いそろっている
こと。

斉一な条件のもとで
実施する。

equality [イクウォリティー]

青雲の志
せいうんのこころざし

自分を高めて、出
世をしようとする
志。

青雲の志をいだいて
上京する。

great ambitions [グレート アンビションズ]

正鵠を射る
せいこくをいる

物事の重要な点を
正確につく。

正鵠を射た意見。

hit the mark [ヒット ザ マーク]

省察
せいさつ

自分自身をかえり
みて、そのよしあ
しを考えること。

自分の行動を省察す
る。

reflection [リフレクション]

生々流転
せいせいるてん

全てのものは限り
なく生死を繰り返
し、変化しつづけ
ること。

この世界は果てのない
生々流転だ。

circle of transmigration
[サークル オブ トランスマイグレーション]

星霜を経る
せいそうをへる

年月を経る。

あの大事件から幾星
霜を経て今日に至る。

many years pass [メニー イヤーズ パス]

清濁併せ呑む
せいだくあわせのむ

心が広く、善でも
悪でも同様に受け
入れる。

清濁併せ呑んだ幅広
い世界観。

tolerate good and evil
[トレレート グッド アンド イーヴィル]

319

正反合
せいはんごう

正反合は「弁証法（哲学用語）。」
と呼ばれる。
対立からより高い
次元に至る、とい
う論法（哲学用語）。

thesis-antithesis-synthesis
[セスィス アンティセスィス スィンセスィス]

清澄
せいちょう

澄みきっていて清
らかなこと。
清澄な高原の空気を
吸い込む。

clear [クリア]

碩学
せきがく

修めた学問が広く
深いこと。
碩学の老学者。

erudition [エルディション]

セーフティネット

安全策（主に社会
制度）。
セーフティネットの
拡充。

safety net [セーフティ ネット]

セグメント

分割すること。
様々な問題をセグメ
ントして考える。

segment [セグメント]

惜別の情
せきべつのじょう

別れを惜しむこと。
惜別の情を禁じ得な
い。

sorrow at parting
[ソロー アット パーティング]

世上
せじょう

世の中。
世上のうわさを気に
する。

world [ワールド]

世故にたける
せこにたける

世間の事情によく
通じている。
世故にたけた人物。

know much of the world
[ノウ マッチ オブ ザ ワールド]

拙悪
せつあく

へたで粗いこと。

拙悪な作品が多く出回る。

inferiority [インフェリオリティー]

是々非々
ぜぜひひ

良いことには賛成し、悪いことには反対すること。

是々非々の立場で応じる。

fair and just [フェア アンド ジャスト]

切歯扼腕
せっしやくわん

憤り残念がること。

裏切られたと知り切歯扼腕する。

deeply chagrined
[ディープリー シャグリンド]

舌鋒
ぜっぽう

しゃべりや議論が鋭いこと。

野党議員が舌鋒鋭く追及する。

sharp tongue [シャープ タング]

截然
せつぜん

物事の区別がはっきりしているさま。

内容の良し悪しを截然と区切る。

distinctive [ディスティンクティヴ]

ゼネコン

建築工事などの全てを請け負う総合建設業者。

大手ゼネコンに勤務する。

general contractor
[ジェネラル コンダクター]

節を曲げる
せつをまげる

自分の信念を曲げて人に従う。

節を曲げずに自己を貫き通す。

depart from principles
[ディパート フロム プリンスィプルズ]

先験的
せんけんてき

全ての経験に先立つこと（哲学用語）。
先験的な方法で考える。

transcendental [トランセンデンタル]

瀬踏み
せぶみ

前もって試す。
先方の意向を瀬踏みする。

have a try [ハヴ ア トライ]

千思万考
せんしばんこう

いろいろと考える。
千思万考すれども良い案が出ない。

deep meditation [ディープ メディテーション]

前轍
ぜんてつ

前の人の失敗。
前轍を踏まないようにする。

mistake of predecessor
[ミステーク オブ プリディスィサー]

漸進
ぜんしん

順を追ってだんだんに進むこと。
漸進的な向上を行う。

gradual [グラジュアル]

浅薄
せんぱく

考えや知識が浅く行き届いていないこと。
浅薄な考え方。

superficiality [スーパーフィシャリティー]

詮無い
せんない

仕方ない。無駄である。
詮無いことと諦めてしまう。

unavoidable [アンアヴォイダブル]

322

千万言を費やす
せんまんげんをついやす

多くの言葉を使う。

千万言を費やして説
得をする。

---
waste many words
[ウェイスト メニー ワーズ]

千万無量
せんまんむりょう

はかり知れないほ
ど多いこと。

千万無量の思いがあ
ります。

---
inumerable [イヌーメラブル]

千慮の一失
せんりょのいっしつ

どんなに賢い人で
も、間違いや思い
違いがあるという
こと。

彼の過ちは千慮の一
失だ。

---
oversight [オーヴァーサイト]

造化
ぞうか

世界の全てを創造
し育てること。

造化の神を崇める。

---
creation [クリエーション]

総毛立つ
そうけだつ

身の毛がよだつ。

ゴキブリと聞いただ
けで総毛立つ。

---
get goosebumps [ゲット グースバンプス]

象牙の塔
ぞうげのとう

学者や芸術家が世
間から離れて研究
や創作に打ち込む
場。

学識を重んじる、象
牙の塔の人々。

---
ivory tower [アイヴォリー タワー]

奏功
そうこう

事がうまく運ぶこ
と。

日頃の努力が奏功す
る。

---
succeed [サクスィード]

やっとプレゼンが通った！

323

糟糠の妻

そうこうのつま

貧しいときから苦労をともにしてきた妻。

糟糠の妻と添い遂げる。

devoted wife［ディヴォーティッド ワイフ］

相克

そうこく

対立する両者が争うこと。

愛憎が相克する。

conflict［コンフリクト］

造作

ぞうさく

顔の作り。

顔の造作が整った人。

fixture［フィクスチャー］

壮士

そうし

勇ましくて元気のいい男。

一見壮士風な男。

vigorous man［ヴィゴラス マン］

ソーシャルワーカー

社会福祉事業に就いている人。

医療ソーシャルワーカー。

social worker［ソーシャルワーカー］

遡及

そきゅう

過去にさかのぼること。

二か月前の費用を遡及して請求する。

retroactivity［レトロアクティヴィティー］

惻隠の情

そくいんのじょう

哀れに思う気持ち。

惻隠の情にかられる。

compassion［コンパッション］

俗耳に入る

ぞくじにはいる

世間の人々の耳に入る。

俗耳に入りやすい話。

known to masses［ノウン トゥ マスィズ］

俗臭（ぞくしゅう）

卑しく下品な感じ。

俗臭を帯びた作風。

vulgarity［ヴァルガリティー］

俗説（ぞくせつ）

確かな根拠もなく、言い伝えられている話。

そんなものは信ずるに足らぬ俗説だ。

popular view［ポピュラー ヴュー］

則天去私（そくてんきょし）

自分を超えるため、自然に従って生きようとすること。

則天去私は、「天にのっとり私を去る」ということだ。

selfless devotion to justice
［セルフレス ディヴォーション トゥ ジャスティス］

即物的（そくぶつてき）

物や金や利益を大事に思うさま。

即物的な人。

practical［プラクティカル］

仄聞（そくぶん）

人づてやうわさなどで聞くこと。

仄聞するところによれば。

learn by hearsay［ラーン バイ ヒアセイ］

齟齬（そご）

食い違い。行き違い。

両者の認識に齟齬が生じる。

discord［ディスコード］

底意（そこい）

隠されたねらい。下心。

相手の底意を探る。

じ〜〜っ

underlying intention
［アンダーライング インテンション］

措辞
そじ

詩歌・文章などの言葉の使い方。

巧みな措辞を駆使する。

wording［ワーディング］

そよ風のようにやさしい…

キミは

袖振り合うも他生の縁
そでふりあうもたしょうのえん

一見他人でも、前世からの深い因縁であるということ。

Even a chance acquaintance is decreed by destiny.
偶然に知り合うことも運命による。

ソネット

14行から成るヨーロッパの定型詩。シェイクスピア著『ソネット集』。

sonnet［ソネット］

側杖
そばづえ

自分と関係のないことのために被害を受けること。

他人のもめごとの側杖を食う。

by-blow［バイブロー］

ソリューション

問題を解決すること。解決法。最適なソリューションの提供。

solution［ソリューション］

退嬰的
たいえいてき

進んで新しいことに取り組もうとしないさま。

退嬰的な組織。

conservative［コンサーヴァティヴ］

体躯
たいく

からだ。

強い体躯の持ち主。

---

body［ボディー］

大自在
だいじざい

少しの束縛もなく、全く自由なこと。

大自在の境地。

---

complete freedom［コンプリート フリーダム］

大事の前の小事
だいじのまえのしょうじ

大きな事を達成しようとするときは、小さな事を軽く見てはならない。

Lose a fly to catch a trout.
鱒を釣るには毛ばりを失う覚悟が必要だ。

対蹠的
たいせきてき

全く正反対であるさま。

対蹠的な立場をとる。

---

antipodal［アンティポダル］

大所高所
たいしょこうしょ

広く大きな視野。

大所高所から物事を理解する。

---

wide view［ワイド ヴュー］

大略
たいりゃく

大体の内容。

状況の大略を述べる。

---

outline［アウトライン］

多寡
<ruby>多<rt>た</rt></ruby>か

多いことと少ない
こと。

収入の多寡は問わな
い。

quantity [クオンティティー]

絶え入る
<ruby>絶<rt>た</rt></ruby>え<ruby>入<rt>い</rt></ruby>る

息が絶えて死ぬ。

絶え入るような声で
つぶやく。

expire [エクスパイア]

惰弱
<ruby>惰<rt>だ</rt></ruby><ruby>弱<rt>じゃく</rt></ruby>

だらけている
こと。
弱いこと。

惰弱な生徒にはっぱ
をかける。

enervated [エナヴェイティド]

山車
<ruby>山車<rt>だし</rt></ruby>

祭のときに引く、
様々な飾り物をつ
けた屋台。

派手に飾られた山車。

float [フロート]

掌を指す
<ruby>掌<rt>たなごころ</rt></ruby>をさす

きわめて明らか、
または正確なこと
のたとえ。

掌を指すほど明確な
事実。

obvious [オヴィアス]

掌を反す
<ruby>掌<rt>たなごころ</rt></ruby>をかえす

物事がたやすくで
きることのたとえ。

掌を反すよりやさし
い作業。

easy as turning hand
[イーズィー アズ ターニング ハンド]

ダブル
スタンダード

対象によって判断
の基準を変えるこ
と。

ダブルスタンダード
な考え。

double standard [ダブル スタンダード]

谷町
<ruby>谷町<rt>たにまち</rt></ruby>

後ろで支え助けて
くれる人。

古くからの谷町に支
えられている関取。

patron [パトロン]

他聞を憚る
たぶんをはばかる

他人に聞かれては困る。

他聞を憚る重要な話。

confidential［コンフィデンシャル］

ダブルバインド

二つの矛盾した命令によってストレスがかかる状態。

親子間のダブルバインド。

double bind［ダブル バインド］

たまゆら

少しの間。

たまゆらも心が休まることはない。

short time［ショート タイム］

偶さか
たまさか

たまたま。

偶さかに知人と遭遇する。

by chance［バイ チャンス］

暖衣飽食
だんいほうしょく

十分に恵まれた生活であるさま。

暖衣飽食の境遇。

live in luxury［リヴ イン ラグジュリー］

端倪すべからざる
たんげいすべからざる

はかり知れない。

端倪すべからざる才能。

conjecturing［コンジェクチャリング］

団塊の世代
だんかいのせだい

戦後のベビーブーム期（1947〜1949）あたりに生まれた世代。

祖父は「団塊の世代」に属している。

babyboomers［ベビーブーマーズ］

断裁
だんさい

紙や布をたち切ること。裁断。

背広を作るため布を断裁する。

cutting［カッティング］

談合
だんごう

話し合うこと。入札の際に、複数の参加者が前もって相談し、価格などを示し合わせること。

談合が発覚する。

bid-rigging［ビッドリギング］

男子厨房に入らず
だんしちゅうぼうにはいらず

男は台所に入って料理を作るべきではない。

Men shouldn't be allowed in the kitchen.
（直訳）

端麗
たんれい

姿形が整っていて、美しいこと。

端麗な顔だちの少年。

fine-looking［ファインルッキング］

短兵急
たんぺいきゅう

ひどく急なさま。

あまりにも短兵急な話だ。

impetuous［インペチュアス］

遅疑逡巡
ちぎしゅんじゅん

いつまでも疑い、決断できないでいること。

遅疑逡巡して考えが定まらない。

hesitate［ヘズィテイト］

知音
ちいん

知り合い。

知音を頼って上京する。

friend［フレンド］

知遇
ちぐう

認められて手厚く扱われること。

先輩方の知遇を得る。

favor [フェイヴァー]

知見
ちけん

実際に見て知ること。

世界へ出て知見を広める。

knowledge [ナレッジ]

本物はやっぱりステキ♡

知悉
ちしつ

ある物事について、細かい点まで知りつくすこと。

事情を知悉している人。

know thoroughly [ノウ ソローリー]

知命
ちめい

五十歳のこと。

知命とは、「天命を知る」の意味である。

age fifty [エイジ フィフティー]

蟄居
ちっきょ

閉じこもって外出しないこと。

蟄居して読書にふける。

house arrest [ハウス アレスト]

注進
ちゅうしん

急いで目上の人に報告すること。

結果を上司に注進する。

informing [インフォーミング]

茶坊主
ちゃぼうず

権力者にへつらう者をののしっていう語。

茶坊主みたいなやつ。

flatterer [フラッタラー]

紐帯
ちゅうたい

人と人とを結びつける役割を果たす大事なもの。

一家の紐帯と呼ばれる。

bond [ボンド]

長広舌
ちょうこうぜつ

よどみなく長々としゃべりつづけること。

政治家が長広舌をふるう。

lenthly speech [レンスリー スピーチ]

頂門の一針
ちょうもんのいっしん

人の急所を突いた厳しい戒めのこと。

頂門の一針をしかと心に刻む。

piercing reproach
[ピアースィング リプローチ]

嘲弄
ちょうろう

あざけり、からかうこと。

失敗を嘲弄される。

ridicule [リディキュール]

佇立
ちょりつ

たたずむこと。

なすすべもなく佇立する。

stand still [スタンド スティル]

通暁
つうぎょう

すみずみまで知ること。

特定の分野に通暁している。

well-versed [ウエル ヴァースト]

接ぎ穂
つぎほ

とぎれた話を続けようとするときのきっかけ。

話の接ぎ穂を失ってしまう。

topic to keep conversation
[トピック トゥ キープ カンヴァーセーション]

332

ティーピーオー

時（time）所（place）場合（occasion）に応じた服装などの使い分け。

TPOをわきまえて下さい。

TPO［ティーピーオー］

低回
ていかい

行ったり戻ったりすること。

岸辺を低回する船。

loitering［ロイタリング］

ディテール

全体の中の細かい部分。

ディテールに凝った人形。

detail［ディティール］

テーゼ

最初に立てられた命題。

このテーゼをもとにして議論を始める。

thesis［セースィス］

デカダンス

退廃的な生活態度。

デカダンスな生活に陥る。

decadence［デカダンス］

出口調査
でぐちちょうさ

投票所の出口で選挙民の投票行動をたずねる調査。

テレビが出口調査の結果を報じる。

exit poll［エクズイット ポール］

デモンストレーション

特長などを公に示すこと。

展示会にて大デモンストレーションを行う。

demonstration［デモンストレーション］

333

恬として
てんとして
平然として。
恬として恥じない。

serenely ［スィリーンリー］

恬淡
てんたん
あっさりして欲がない。
お金に恬淡な人。

disinterest ［ディスインタレスト］

天稟
てんぴん
生まれつきの才能。
天稟を十二分に発揮する。

natural talent ［ナチュラル タレント］

天の配剤
てんのはいざい
天は人それぞれに能力や機会などをほどよく与えるものである。
天の配剤に従う。

dispensation ［ディスペンセーション］

当為
とうい
当然なすべきこと。
それは個人的当為の範囲内である。

needing to be done
［ニーディング トゥ ビー ダン］

等閑
とうかん
物事を軽くみて、いいかげんに扱うこと。
注意を等閑にしない。

neglect ［ネグレクト］

韜晦
とうかい
自分の本心や才能や地位などをつつみ隠すこと。
かたくなな自己韜晦。

self-concealment ［セルフコンスィールメント］

上級

投機
とうき
利益を得ようとしてする行為。値段が上がること。
投機を専門としたグループ。

speculation [スペキュレーション]

騰貴
とうき
値段が高くなること。
物価が急に騰貴する。

rise [ライズ]

動議
どうぎ
会議中に予定外の議題を議員が提出すること。
緊急動議が提案される。

motion [モーション]

当局
とうきょく
ある仕事を処理する立場にあること。
外務当局の発表によると〜

authorities [オーソリティーズ]

蕩尽
とうじん
財産などを使い果たすこと。
遺産を蕩尽する。

spend all [スペンド オール]

動線
どうせん
人や物が移動するときの経路。
最も効率の良い動線をたどる。

flow line [フロー ライン]

道破
どうは
はっきりと言い切ること。
道破し尽くされた事柄。

declaration [デクラレーション]

豆腐にかすがい
とうふにかすがい
手ごたえがなく、ききめがないこと。
彼に何を言っても豆腐にかすがいだ。

having no effect [ハヴィング ノー イフェクト]

陶冶
とうや

人の性質や能力を高めて育て上げること。

高い人間性を陶冶する。

cultivation［カルティヴェイション］

蟷螂の斧
とうろうのおの

弱い者が、身の程知らずに強い者に立ち向かうこと。

The fly that bites tortoise breaks its beak.
亀を噛むハエはその口を痛める。

途次
とじ

ある所へ向かう途中。

帰宅の途次に知人を訪ねる。

on way［オン ウェー］

篤志
とくし

社会事業などに熱心に協力すること。

篤志家による寄付。

charity［チャリティー］

怒髪天を抜く
どはつてんをぬく

激しい怒りの顔つきになる。

怒髪天を抜く形相に恐れおののく。

infuriated［インフュリエーティッド］

度し難い
どしがたい

救いがたい。どうしようもない。

度し難いわからずやに手を焼く。

irredeemable［イリディーマブル］

トポス

場所。論点。

この議論は、トポスが重要な意味を持っている。

topos［トポス］

弔い合戦
とむらいがっせん

死者の霊を慰めるためのいくさ。

主君の弔い合戦を決意する。

avenging battle［アヴェンジング バトル］

トライアル

試すこと。

トライアルを重ねて新製品を完成させる。

trial［トライアル］

虎になる
とらになる

ひどく酔う。

虎になって道端で眠る。

completely drunk［コンプリートリー ドランク］

トランスボーダー

国境や違いを越えて活動すること。

トランスボーダー社会の実現。

transborder［トランスボーダー］

鳥なき里の蝙蝠
とりなきさとのこうもり

優秀な者がいないところでは、つまらぬ者が威張っていること。

For want of a wise man, a fool is set in the chair.
賢者がいないので、愚者が議長席につかされる。

泣いて馬謖を斬る
ないてばしょくをきる

規律を保つためには、愛する者であっても、厳しく処分すること。

To make a costly sacrifice in course of justice.
正義のために大きな犠牲を払う。

情けが仇
なさけがあだ

同情や思いやりからしたことが、かえって相手のためにならないこと。

それは情けが仇というものだ。

misplaced kindness
[ミスプレイスト カインドネス]

流れに竿さす
ながれにさおさす

物事が思い通りに進むこと。

流れに竿さすように幸運が重なる。

swim with tide [スウィム ウィズ タイド]

名にし負う
なにしおう

その名とともに評判が高い。

名にし負う絶景。

famous [フェイマス]

名代
なだい

評判が高いこと。

名代の名優。

famous [フェイマス]

生木を裂く
なまきをさく

夫婦や恋人などをむりやり別れさせる。

生木を裂かれる境遇を嘆く。

separate [セパレット]

ナノテクノロジー

ナノ（十億分の一）メートルの精度を扱う技術。

著しいナノテクノロジーの進歩。

nanotechnology [ナノテクノロジー]

名を捨てて実を取る
なをすててじつをとる

名誉や見た目などよりも、利益を選ぶほうが賢いということ。

More profit and less honour.
利益が大きくて栄誉が少ない

難物
なんぶつ

取り扱いにくい事物。扱いにくい人物。

今回の相手はなかなかの難物だ。

difficult person [ディフィカルト パーソン]

垂んとする
なんなんとする

その状態になろうとしている。

二万人に垂んとする観衆。

near [ニア]

刃傷沙汰
にんじょうざた

刃物で人を傷つけるような争いや騒ぎ。

言い争いが高じて刃傷沙汰になる。

killing affair [キリング アフェア]

盗人に追い銭
ぬすっとにおいせん

損を重ねることのたとえ。

使い込みをした社員に退職金とは、盗人に追い銭だ。

Throwing good money after bad.
損失に対してさらに大金をつぎ込む。

抜き手を切る
ぬきてをきる

指先から水を切って泳ぐ。

抜き手を切って海峡を渡る。

swim overarm [スィム オーヴァーアーム]

休ませて…

寧日
ねいじつ

穏やかで無事な日。

寧日なき多忙な日々。

peaceful day ［ピースフル ディ］

鼠の嫁入り
ねずみのよめいり

あれこれ迷っても平凡なところに落ち着くたとえ。

fit into adequate position
収まるところに収まる。

睨め付ける
にらめつける

睨め付ける。

鋭い眼光で睨め付けられた。

glare ［グレア］

値踏み
ねぶみ

値段を見積もってつけること。

骨董品を値踏みしてもらう。

valuation ［ヴァリュエーション］

寝技
ねわざ

表面にあらわれないかけひき。

寝技にたけた交渉相手。

underhand tricks ［アンダーハンド トリックス］

睨める
ねめる

強くにらむ。

睨めるように見つめられる。

glare ［グレア］

ノーマライゼーション

障がい者等が等しく生きる社会を目指す考え方。

ノーマライゼーションが進む。

normalization [ノーマライゼーション]

ハイブリッド

異種のものを組み合わせたもの。

ハイブリッドカー。

hybrid [ハイブリッド]

バイアス

かたより。

彼女の見かたにはバイアスがかかっている。

bias [バイアス]

敗軍の将は兵を語らず

はいぐんのしょうはへいをかたらず

失敗した者は、それを弁解すべきではないということ。

A defeated general should not talk of battles.
(直訳)

端無くも

はしなくも

全く思いがけなく。

端無くもその商品は大ヒットした。

unexpectedly [アンエクスペクティッドリー]

薄志弱行

はくしじゃっこう

意志が弱く行動力に欠けているさま。

自分の薄志弱行が周囲を混乱させている。

weak-willed [ウィークウィルド]

パターナリズム

上からの目線の優しさ。

パターナリズムと言える医者と患者の関係。

---
paternalism ［パターナリズム］

パトス

（理性に対して）感情。⇕ロゴス

熱いパトスを胸に秘める。

---
pathos ［パトス］

端物
はもの

一部が欠けていて、ひとそろいにならないもの。

コーヒー茶碗の端物。

---
odd piece ［オッド ピース］

腹芸
はらげい

言動によらず気持ちを表すこと。

腹芸にたけた政治家。

---
implicit signaling
［インプリスィット スィグナリング］

パラダイム

ある時代に支配的な物の考え方。

いまだに旧パラダイムが支配的である。

---
paradigm ［パラダイム］

パラノイア

強い妄想を抱いてしまう病。偏執病。

パラノイアが悪化する。

---
paranoia ［パラノイア］

馬齢を重ねる
ばれいをかさねる

たいしたこともせず、無駄に年をとること。

漫然と馬齢を重ねる。

---
age without accomplishment
［エイジ ウィズアウト アコンプリッシュメント］

半可通
はんかつう

いいかげんな知識しかないのに通ぶること。

半可通な知識をひけらかす。

---
smattering ［スマッタリング］

反語
はんご

強調するために、反対の内容と疑問形で表現すること。

「そんなことがあり得ようか?」は反語を使った表現だ。

rhetorical question [レトリカル クエスチョン]

半官半民
はんかんはんみん

政府と民間が共同で出資し、経営すること。

半官半民の団体。

semi-governmental
[セミガヴァーンメンタル]

半畳を入れる
はんじょうをいれる

他人の言動を非難したりからかう。

人の発言に半畳を入れる。

jeer [ジアー]

煩瑣
はんさ

こまごまとしてわずらわしいこと。

煩瑣な手続きを省く。

troublesome [トラブルサム]

反俗的
はんぞくてき

俗世間とは異なった考え方や態度。

反俗的な主張。

anti-secularism [アンタイセキュラリズム]

手続き E D C B 手続き A

このろっついはいらないわる

蛮勇
ばんゆう

乱暴な勇気。

蛮勇を振るう。

foolhardiness [フールハーディネス]

版図
はんと

一国の領土。

版図を広げる。

territory [テリトリー]

贔屓の引き倒し

ひいきのひきたおし

ひいきが過ぎて、逆にその人を不利にすること。

To do (a person) disservice by giving him too much of misdirected patronage.
あまりにひいきしすぎてかえって相手に害を与える。

ひかがみ

ひざの後ろのくぼんだ部分。

ひかがみが汗ばむ。

back of knee [バック オブ ニー]

非我
ひが

自我の外にあるもの。

「非我」や「無我」は仏教用語です。

non-ego [ノンイーゴ]

ひが目
ひがめ

見まちがうこと。

それは君のひが目だ。

visual error [ヴィジュアル エラー]

日がな一日
ひがないちにち

朝から晩までずっと。

日がな一日街をうろつく。

whole day [ホール ディ]

膝詰談判
ひざづめだんぱん

相手に膝を詰め寄せて話し合うこと。

トップ同士の膝詰談判が行われる。

direct negotiation
[ダイレクト ネゴシエーション]

微視
びし

人間の目でわからないほど細かいさま。

微視的な世界を探究する。

microscopic［マイクロスコピック］

批准
ひじゅん

すでに内容の確定した条約を、国家機関が最終同意すること。

主要国間で通商条約が批准される。

ratify［ラティファイ］

鼻祖
びそ

最初にそのことを始めた人。

近代医学の鼻祖。

founder［ファウンダー］

顰に倣う
ひそみにならう

他人にならって物事をすることを謙遜していう言葉。

先祖の顰に倣う。

follow blindly［フォロー ブラインドリー］

畢竟するに
ひっきょうするに

要するに。

畢竟するに、私の不満はそこにある。

after all［アフター オール］

畢生
ひっせい

一生。

畢生の大作を仕上げる。

lifetime［ライフタイム］

逼塞
ひっそく

落ちぶれて世間から隠れ、ひっそり暮らすこと。

逼塞した環境に身を置く。

blocked［ブロックト］

等し並
ひとしなみ

同じ扱いをすること。

親族も他人も等し並に扱う。

equal［イークオル］

人も無げ

ひともなげ

人を人とも思わないさま。

人も無げな態度に腹を立てる。

arrogant［アロガント］

人身御供

ひとみごくう

人間を神に供える。

若者が人身御供として差し出される。

human sacrifice［ヒューマン サクリファイス］

人を呪わば穴二つ

ひとをのろわばあなふたつ

人に害を与えようとすれば、やがて自分も害を受けるということ。

Curses return upon the heads of those that curse.

呪いは呪う人の頭上に帰ってくる。

眉目秀麗

びもくしゅうれい

顔がすぐれて美しいこと。

眉目秀麗な若者。

handsome［ハンサム］

罷免

ひめん

職をやめさせること。

要人を罷免する。

dismissal［ディスミッサル］

瓢箪ナマズ

ひょうたんなまず

とらえどころのないようす。

彼は瓢箪ナマズで、何を考えているかわからない。

slippery as an eel
［スリッパリー アズ アン イール］

昼行灯
ひるあんどん

昼行灯と陰で呼ばれている人。

ぼんやりした人。

stupid［ステューピッド］

表白
ひょうはく

考えや気持ちなどを、言葉や文章に表して述べること。

本当の心情を表白する。

expression［エクスプレッション］

貧者の一灯
ひんじゃのいっとう

金持ちの形だけの寄付より、
貧しい人が心をこめた寄付のほうが尊いということ。

a widow's mite
未亡人からのわずかな寄付

フィールドワーク

野外での調査。

フィールドワークを十分に行う。

field work［フィールド ワーク］

この辺は
日当たり悪そう

不可逆
ふかぎゃく

もとに戻れないこと。

もはや不可逆な状況にあります。

irreversible［イリヴァースィブル］

敷衍
ふえん

言葉を加えてわかりやすく説明すること。

難解な内容を敷衍する。

expatiation［エクスペシエーション］

不作為
ふさくい

法律で、あえて積極的な行動をしないこと

不作為の罪に問われる。

nonfeasance [ノンフィザンス]

伏魔殿
ふくまでん

悪事などが企まれている場所。

政界の伏魔殿に切り込む。

pandemonium [パンディモニアム]

伏して
ふして

くれぐれも。

伏してお願い申し上げます。

earnestly [アーネストリー]

不浄
ふじょう

けがれていること。

不浄な身に落ちぶれる。

uncleanliness [アンクリーンリネス]

敷設
ふせつ

広い範囲に設置すること。

水道を敷設する。

lay [レイ]

払暁
ふつぎょう

夜明け。

時刻は払暁の四時だった。

dawn [ドーン]

符丁
ふちょう

合い言葉。印。

あらかじめ符丁を決めておく。

watchword [ウォッチワード]

上級

払底
ふってい

すっかりなくなること。

戦力が払底している。

dearth［ダース］

不徳の致すところ
ふとくのいたすところ

自分の徳がないため引き起こしたこと。

まったく私の不徳の致すところです。

I am to blame.［アイ アム トゥ ブレーム］

不得要領
ふとくようりょう

要領を得ないこと。

不得要領な説明。

vague［ヴェイグ］

懐刀
ふところがたな

深く信頼している部下。

社長の懐刀。

right-hand man［ライトハンド マン］

不如意
ふにょい

思うようにならない様子。

不如意な結果を悔やむ。

go wrong［ゴー ロング］

不抜
ふばつ

意志がしっかりしていて揺るがないこと。

堅忍不抜の精神を維持する。

firm［ファーム］

不分明
ふぶんみょう

はっきりしないさま。

不分明な伝達。

obscure［アブスキュア］

不問に付す
ふもんにふす

過ちなどをとがめないでおく。

部下のミスを不問に付す。

overlook［オーヴァールック］

プラグマティズム

実際的な考え方。
実用主義。
プラグマティズムに
徹する。

pragmatism [プラグマティズム]

ブラフ

はったり。
相手のブラフに引っ
かかる。

bluff [ブラフ]

プリミティブ

原始的なさま。
プリミティブな考え
に立ち返る。

primitive [プリミティブ]

無聊

ぶりょう
時間を持て余す。
退屈なさま。
無聊な日々を送る。

boredom [ボアダム]

プレゼンテーション

計画や企画案など
を会議で説明する
こと。
客先でプレゼンテー
ションを行う。

presentation [プレゼンテーション]

刎頸の交わり

ふんけいのまじわり
きわめて親しい付き
合いのたとえ。
刎頸の交わりが今も
続いている。

eternal friendship
[エターナル フレンドシップ]

分水嶺

ぶんすいれい
物事が決まる分か
れ目。
ここでの決断が分水
嶺となるだろう。

watershed [ウォーターシェッド]

分節
ぶんせつ

部分。

分節ごとに内容を変える。

segment [セグメント]

ペーソス

もの悲しい情緒。哀愁。

ペーソスの漂う短編小説。

pathos [ペーソス]

僻見
へきけん

公平でない、かたよった見方。偏見。

それは君の僻見だ。

prejudice [プレジャディス]

ヘゲモニー

指導的な地位。支配権。

独裁者がヘゲモニーを握る。

hegemony [ヘゲモニー]

下手の考え休むに似たり
へたのかんがえやすむににたり

よい考えも浮かばないのに長く考え込むのは時間の無駄だということ。

Mickle fails that fools think.
馬鹿が考えていることは、たいてい役に立たない。

瞥見
べっけん

ちらっと見ること。

履歴書を瞥見する。

glance [グランス]

偏向
へんこう

考え方がかたよっていること。

偏向した思想。

slanted [スランティッド]

351

弁証法
べんしょうほう

対話・弁論の技術。

ヘーゲルの弁証法を研究する。

dialectic [ダイアレクティック]

弁済
べんさい

借りたものを相手に返すこと。

債務を全て弁済する。

pay debt [ペイ デット]

放恣
ほうし

気ままなこと。

放恣なふるまいをとがめられる。

carefree [ケアフリー]

ごくろうさまです
これで全てです
BANK

包摂
ほうせつ

ある考えが、より一般的な考えにつつみこまれること。

その考えは無政府主義という概念に包摂される。

subsumption [サブサンプション]

傍証
ぼうしょう

間接的な証拠。

傍証を固めて容疑者を追い詰める。

supporting evidence
[サポーティング エヴィデンス]

逢着
ほうちゃく

出あうこと。

大きな障害に逢着する。

encounter [エンカウンター]

滂沱
ぼうだ

雨の降りしきるさま。汗・水などが激しく流れ落ちるさま。

滂沱たる大雨。

floods of [フラッズ オブ]

忙中閑あり
ぼうちゅうかんあり

どんなに忙しい中にも、わずかな暇はあるものだということ。

Find odd moments in busy life.
忙しい生活に余暇を見つける。

放埒
ほうらつ

勝手気ままに振る舞うこと。

放埒な振る舞いをたしなめられる。

licentious［ライセンチャス］

蓬莱
ほうらい

古代中国で仙人が住むと言われていた山のひとつ。

蓬莱山は海中にあり。

Mount Penglai［マウント ペンライ］

墨守
ぼくしゅ

自己の習慣などを、かたく守って変えないこと。

古い慣習を墨守する。

adherence［アドヒアレンス］

火影
ほかげ

火の光。

沖にちらつく火影。

firelight［ファイヤーライト］

朴念仁
ぼくねんじん

がんこで物分かりが悪い人。

一歩も譲らない朴念仁。

unsocial person［アンソーシャル パーソン］

木鐸
ぼくたく

世の人を教え導く者。

社会の木鐸たれ。

leader［リーダー］

ポストモダン

近代が終わった後に生じる次の時代のこと。

ポストモダン的な思想。

postmodern [ポストモダン]

矛を収める
ほこをおさめる

争いや攻撃をやめる。

怒りの矛を収める。

lay down arms [レイ ダウン アームズ]

ポテンシャル

潜在的な力。

高いポテンシャルを持った選手。

potential [ポテンシャル]

勃然
ぼつぜん

急に、勢いよく起こるさま。

勃然として勇気がわく。

sudden [サドゥン]

本丸
ほんまる

物事の中心。

政治改革の本丸。

core [コア]

なんか勇気がわいてきた

マキャベリズム

目的のために手段を選ばない政治思想。

マキャベリズムは、マキャベリの『君主論』に由来する。

Machiavellianism [マキャベリズム]

前口上
まえこうじょう

本題に入る前に述べる言葉。

前口上が長すぎる。

prologue [プロローグ]

マターナリズム

上からの目線だが、相手を包み込む優しさ。

母親のようなマターナリズム。

maternalism [マターナリズム]

マジョリティ

多数派。⇕マイノリティ

マジョリティの意見ばかりが通る。

majority [マジョリティ]

よくやっているよ

はい ありがとうございます

満艦飾
まんかんしょく

盛んに飾りたてたり、物をいっぱいにつるしたりしたようす。

満艦飾のいで立ち。

full-dressed [フルドレスト]

水清ければ魚棲まず
みずきよければうおすまず

あまりに潔白な人は、かえって人に親しまれないことのたとえ。

A clear stream is avoided by fish.
きれいな川は魚に避けられる。

宮仕え
みやづかえ

官庁・会社などに勤めること。

宮仕えに飽き飽きする。

court service [コート サーヴィス]

都落ち
みやこおち

都を追われて地方に逃げて行くこと。

平家の都落ち。

leave capital [リーヴ キャピタル]

名代
みょうだい
目上の人の代理を務める。
部長の名代として出席する。

representation [レプレゼンテーション]

妙境
みょうきょう
景色などのすぐれた土地。
妙境を巡る旅。

beautiful place [ビューティフル プレイス]

躯
むくろ
死体。
戦場に横たわる躯。

corpse [コープス]

無碍
むげ
何ものにも妨げられないこと。
融通無碍（考えや行動が柔軟であること）。

freedom [フリーダム]

無策の策
むさくのさく
どのような決断もせず、時の流れに任せる。
無策の策を決め込んだ。

ambiguity [アンビギュイティー]

無定見
むていけん
しっかりした考え方や意見を持っていないこと。
無定見な方策ばかり繰り出す。

lacking fixed opinion
[ラッキング フィックスト オピニオン]

無双
むそう
並ぶものがないほどすぐれていること。
天下無双の強豪。

matchless [マッチレス]

無手勝流
むてかつりゅう

戦わずに勝つこと。

無手勝流で相手を倒した。

---
winning without fighting
[ウィニング ウィズアウト ファイティング]

胸三寸
むねさんずん

胸の中の考え。

本心を胸三寸に納めておく。

---
one's mind [ワンズ マインド]

無謬
むびゅう

理論や判断にまちがいがないこと。

論理の無謬性を証明する。

---
inerrancy [インエランスィー]

むべなるかな

いかにももっともだ。

君の言もむべなるかな。

---
truly [トゥルーリー]

無理が通れば道理が引っ込む
むりがとおればどうりがひっこむ

道に外れたことが通用するなら、
正しいことは行われなくなるということ。

Where might is master, justice is servant.
力が主人であれば、正義は召使いになってしまう。

明鏡止水
めいきょうしすい

心が澄みきっている状態。

私は今、明鏡止水の心境です。

---
peaceful state of mind
[ピースフル ステート オブ マインド]

明察
めいさつ

はっきりと真相や事態を見抜くこと。

本質を一瞬にして明察する。

---
discernment [ディサーンメント]

メタファー

隠喩（「〜は〜だ」などの形のたとえ）。

「彼女は天使だ」はメタファーだ。

metaphor［メタファー］

命脈を保つ
めいみゃくをたもつ

どうにかこうにか命を保っていること。

草木は命脈を保つのが精いっぱいだ。

remain alive［リメイン アライヴ］

面従腹背
めんじゅうふくはい

服従しているように見せて心の中で反抗すること。

家臣の面従腹背に気が付かない。

two-faced［トゥ フェイスト］

目もあやな
めもあやな

まばゆくて目も開けていられないほどに美しい。

目もあやなひまわりの花。

brilliant［ブリリアント］

面妖
めんよう

不思議なこと。奇妙なこと。

面妖な出来事に首をかしげる。

weird［ウィアード］

課長のお弁当は自作

ジーッ

猛禽
もうきん

性質が激しい肉食の鳥。

猛禽のような観察力。

raptorial bird［ラプトリアル バード］

蒙を啓く
もうをひらく

知識に乏しい者を教え導く。

演説によって大衆の蒙を啓く。

enlighten［エンライトゥン］

モダニズム

近代主義。

モダニズムは二十世紀に起きた芸術運動です。

modernism [モダニズム]

黙契
もっけい

暗黙のうちに互いの意志が一致すること。

両者の間に黙契が成り立つ。

tacit agreement [タスィット アグリーメント]

モニュメント

記念碑・記念像など。

公園にモニュメントが設置される。

monument [モニュメント]

モラトリアム

余裕として与えられた期間。

モラトリアム人間として人生の選択を避け続ける。

moratorium [モラトリアム]

モラルハザード

倫理・道徳観が欠如していること。

モラルハザードへの対策を講ずる。

moral hazard [モラル ハザード]

益体もない
やくたいもない

役に立たない。

益体もないことばかりする。

useless [ユースレス]

香具師
やし

縁日など人の集まる所に露店を出し、興行や物売りをする人。

香具師が組織化される。

stall-keeper [ストールキーパー]

脂下がる
やにさがる

得意げににやにや
する。

脂下がった顔つきを
する。

---
grin［グリン］

柳に風
やなぎにかぜ

逆らわずに穏やか
にあしらうこと。

柳に風と受け流す。

Better bend than break.
折るより曲げた方がいい。

闇夜に鉄砲
やみよにてっぽう

あてずっぽうにや
ってみること。

闇夜に鉄砲でまぐれ
を期待する。

---
aimless attempt［エイムレス アテンプト］

あいにく先約がありまして

今夜飲みに行かない？

PC

夜郎自大
やろうじだい

自分の力をわきま
えずに威張ること。

夜郎自大な態度。

---
big fish in small pond
［ビッグ フィッシュ イン スモール ポンド］

やらずの雨
やらずのあめ

帰ろうとする人を
ひきとめるかのよ
うに降ってくる雨。

タイミング悪くやら
ずの雨が降り出した。

---
rain just when leaving
［レイン ジャスト ホエン リーヴィング］

唯物論
ゆいぶつろん

物質を世界の根本
とする考え。

唯物論的思想は、古
代からあった。

---
materialism［マテリアリズム］

唯心論
ゆいしんろん

世界の本質と根源
を精神的なものと
する考え方。⇔唯
物論

現実離れした唯心論。

---
spiritualism［スピリチュアリズム］

融通無碍
ゆうずうむげ

物事にとらわれるところがなく、自由であること。

融通無碍な考え方。

flexible [フレキスィブル]

有余
ゆうよ

余り。以上。

三年有余の歳月が過ぎ去った。

over [オーヴァー]

行き倒れ
ゆきだおれ

道端に倒れること。

旅先で行き倒れになる。

die on road [ダイ オン ロード]

ゆくりなくも

思いがけなく。突然に。

ゆくりなくも旧友に再会する。

unexpectedly [アンエクスペクティッドリー]

弓折れ矢尽きる
ゆみおれやつきる

戦いにさんざんに負けること。

防戦したが、遂に弓折れ矢尽きる。

utterly defeated [アタリー ディフィーテッド]

弓を引く
ゆみをひく

反抗する。

上層部に弓を引くような言動。

oppose [オポーズ]

容喙
ようかい

横から口出しをすること。

君たちが容喙すべきことではない。

meddling [メドリング]

天逝
ようせい

年若くして死ぬこと。

天逝した作家を悼む。

die young [ダイ ヤング]

夭折　ようせつ
年若くして死ぬこと。
夭折した詩人の短い生涯。
die young [ダイ ヤング]

羊頭狗肉　ようとうくにく
見かけ倒し。
実物は羊頭狗肉の感が否めない。
mere show [ミア ショー]

杳として　ようとして
事情などがはっきりしないさま。
杳として消息が知れない。
no clue [ノー クルー]

予後　よご
病気が治ったあとの経過。
予後を大切にする。
prognosis [プログノースィス]

横車を押す　よこぐるまをおす
道理に合わないことを無理に押し通す。
周りの状況を無視して横車を押す。
act perversely [アクト パーヴァースリー]

因って来たる　よってきたる
その原因となっている。
失敗の因って来たるところを考えてみる。
originating [オリジネーティング]

与太を飛ばす　よたをとばす
でたらめを言う。
ふざけてくだらないことを言う。
酒に酔って与太を飛ばす。
talk nonsense [トーク ナンセンス]

夜目遠目笠のうち
よめとおめかさのうち

顔の一部が隠れているときは、
その人は実際より美しく見えるものである。

Hills are green far away.
遠くの山は青い。

上
級

拠所ない
よんどころない

そうするよりしか
たがない。
拠所ない事情があっ
て参加できない。

unavoidable [アンアヴォイダブル]

夜を日に継ぐ
よをひにつぐ

昼夜の別なく、続
けてある物事をす
る。
夜を日に継いで仕事
に励む。

day and night [デイ アンド ナイト]

来意
らいい

そこに来た理由。
先方に来意を告げる。

purpose of visit [パーポス オブ ヴィズィット]

ラプソディー

狂詩曲（自由な形
式で民族的な内容
などを表現した楽
曲）。
ラプソディーに聴き
入る。

rhapsody [ラプソディー]

ラジカル

過激なさま。極端
なさま。
ラジカルな考え。

radical [ラディカル]

乱脈
らんみゃく

秩序が乱れて筋道が立たないこと。

乱脈な事業運営。

disorder［ディスオーダー］

懶惰
らんだ

めんどうくさがり、怠けること。

懶惰な生活から抜けだせない。

indolence［インドレンス］

李下に冠を正さず
りかにかんむりをたださず

誤解を招くような行動はすべきではないといういましめ。

He that will do no ill, must do nothing that belongs thereto.
悪事をすまいと思う者は、悪事と思われることをしてはならない。

罹災
りさい

地震・火事などの災害にあうこと。罹災した人々の救援に向かう。

suffering［サファリング］

理非曲直
りひきょくちょく

正しいことと正しくないこと。

理非曲直を正す。

rights and wrongs［ライツ アンド ウロングス］

リバタリアニズム

徹底した自由主義の思想。

「他人に迷惑さえかけなければ」、といういうリバタリアニズム。

libertarianism［リバタリアニズム］

両雄並び立たず
りょうゆうならびたたず

同じ力を持つ英雄が二人いれば、どちらかが倒れるということのたとえ。

Birds of prey do not flock together.
猛禽は群をなさず。

臨界
りんかい

さかい。境界。

臨界に達した状況。

limit [リミット]

リリシズム

叙情詩的な趣や味わい。

リリシズムにあふれた小曲。

lyricism [リリスィズム]

吝嗇
りんしょく

けち。

ひどく吝嗇な人。

stinginess [スティンジネス]

稟議
りんぎ

案を関係者に回し承認を求める。

部内で稟議を廻す。

approval [アプルーヴァル]

縷々
るる

こまごまと詳しく述べるさま。

縷々として語り続ける。

in detail [イン ディテール]

累々たる
るいるいたる

物がたくさん積み重なっているさま。

累々たるしかばねの山。

in heaps [イン ヒープス]

黎明
れいめい

夜明け。新しい事柄が始まろうとすること。

近代の黎明期。

dawn ［ドーン］

レクイエム

カトリック教会における、死者のための鎮魂曲。

モーツァルトのレクイエムを愛聴する。

requiem ［レクイエム］

レジュメ

要約。報告や演説などで、その内容を手みじかにまとめて記したもの。

討論会のレジュメを作成する。

resume ［レジュメ］

列伝
れつでん

多くの人々の伝記を書き並べたもの。

英雄列伝。

series of biographies
［スィリーズ オブ バイオグラフィーズ］

レトリック

修辞法。言葉を工夫して豊かな表現にする方法。

レトリックを駆使した文章。

rhetoric ［レトリック］

籠絡
ろうらく

人を丸め込んで操ること。

巧みな勧誘で籠絡する。

cajole ［カジョール］

六十の手習い
ろくじゅうのてならい

年をとってから物事を習うたとえ。

六十の手習いで料理を習い始めた。

not old to learn ［ノット オールド トゥ ラーン］

論客
ろんきゃく

好んで議論をする人。

博識な論客が議論を戦わせる。

controversialist [コントロヴァーシャリスト]

それはだね

論語読みの論語知らず
ろんごよみのろんごしらず

言葉でだけは理解できても、実行に移せないことのたとえ。

A mere scholar, a mere ass.
ただの学者はただのロバ。

論を俟たない
ろんをまたない

当然である。

この内容に間違いないことは論を俟たない。

needless to say [ニードレス トゥ セイ]

論陣を張る
ろんじんをはる

論理を組み立てて議論を展開する。

識者を相手に論陣を張る。

argue about [アーギュー アバウト]

和魂洋才
わこんようさい

日本人の精神を持って、西洋の文明を学び取ること。

和魂洋才の精神を大切にする。

Western learning, Japanese spirit.
[ウェスタン ラーニング ジャパニーズ スピリット]

惑溺
わくでき

熱中しすぎて判断力を失うこと。

快楽に惑溺する。

indulgence [インダルジェンス]

[著者プロフィール]

福田尚弘 ふくだ なおひろ

慶応義塾大学文学部卒。コンピューター教材の企画制作を経て、現在、語学参考書を主とした企画・編集を行う。『ちょっと難しい1000のことば』『難語2000』等の国語シリーズ、『最低限の日本史』(以上、すべてアーバン出版局) 他。

イラスト	BIKKE
装丁デザイン	宮下ヨシヲ (サイフォン グラフィカ)
本文デザイン	琴谷綾子
編集	山中裕加 (リベラル社)
編集人	伊藤光恵 (リベラル社)
営業	津村卓 (リベラル社)

編集部 渡辺靖子・堀友香・山田吉之・須田菜乃
営業部 津田滋春・廣田修・青木ちはる・澤順二・大野勝司・竹本健志
制作・営業コーディネーター 仲野進

サクサク身につく 大人のための語彙力

2020年1月29日 初版
2020年3月26日 再版

著 者	福田尚弘
発行者	隅田直樹
発行所	株式会社 リベラル社
	〒460-0008 名古屋市中区栄3-7-9 新鏡栄ビル8F
	TEL 052-261-9101 FAX 052-261-9134 http://liberalsya.com
発 売	株式会社 星雲社 (共同出版社・流通責任出版社)
	〒112-0005 東京都文京区水道1-3-30
	TEL 03-3868-3275

©Naohiro Fukuda 2020 Printed in Japan ISBN978-4-434-27082-6